吉田文彦
Fumihiko Yoshida

迫りくる核リスク

〈核抑止〉を解体する

岩波新書
1946

はじめに

「長崎を最後の被爆地に」は、何を意味しているのだろうか――。

被爆地の視点から、この本を始めよう。

「長崎を最後の被爆地に」。一九四五年八月九日に核攻撃を体験し、(現在のところ)世界史上で最後の戦争被爆地である長崎は繰り返し、このメッセージを発してきた。被爆地で暮らしながら私は、このメッセージにはふたつの意味が込められていると思っている。

第一は、核兵器が存在する限り、使われるリスク(恐れ)があるので、破滅につながるそのリスクから人類を解放するには核兵器をなくすしかないというものである。いわば、核リスク(核爆発をともなう形での核使用のリスク)を消滅させるための核廃絶である。

第二は、一朝一夕に核廃絶に到達できないのが現実であるならば、核廃絶までの移行期に決して核兵器を使ってはならないというものである。言い換えると、核使用がないままの核廃絶をめざすという意味である。

そうした文脈でのこと、二〇二一年の「長崎平和宣言」で、田上富久・長崎市長は世界にこう呼びかけた。

広島が「最初の被爆地」という事実によって永遠に歴史に記されるとすれば、長崎が「最後の被爆地」として歴史に刻まれ続けるかどうかは、私たちがつくっていく未来によって決まります。

核リスクを消滅させるための核廃絶は、核使用がないままの核廃絶でなければならず、核廃絶のその瞬間まで、長崎が最後の被爆地であり続ける必要がある。しかしながら、広島が「最初の被爆地」であるという歴史的な事実が不変であるのとは違って、核使用がないままの核廃絶を実現して、長崎を永遠に「最後の被爆地」として歴史に刻めるかどうかは、私たちがこれから築いていく未来にかかっている。だからこそ、第一と第二の含意《がんい》の両方を抱きしめながら、核兵器の存在する世界を変えていくことが緊要である。そんな思いが、この宣言には込められている。

被爆地の思いは、単なる「理想主義」に過ぎないのだろうか――。

被爆地がうながす核廃絶は理想主義でしかないとの声を、しばしば耳にする。だが、本当にそうだろうか。

私は今、長崎大学核兵器廃絶研究センター(RECNA)で研究や教育に携わっている。それ以前は新聞社のジャーナリストとして、世界各地で核問題についての取材を重ねた。このふたつの仕事で得た実体験から思うのは、被爆地が掲げる「理想主義」は自らの経験にもとづく「現実主義」に根ざしているということである。

体験にもとづく第一の「現実主義」は、被爆による被害が原点である。

核戦争の「現場」は、ほかのどこでもない、ここ長崎と広島にある。そして、核攻撃の破壊力、殺傷力を五感で体験した歴史の証人こそが被爆者である。

被爆地から発せられる言葉は、「現場」を原点にしたリアルな情報であり、凄惨《せいさん》な「現場」を知らずに核兵器による安全保障に依拠しようとする人たちへの警鐘である。筆舌《ひつぜつ》に尽くしがたい地獄絵を目の当たりにした被爆者は、核兵器は人間が持つものでも、使っていいものでもないとのリアルな確信に支えられながらメッセージを発してきた。

体験にもとづく第二の「現実主義」は、核兵器を手にした人間は時と場合によって核兵器を使うということを、リアルに確信している点だ。もともとはナチスに対抗するために研究開発が始まった原爆(原子爆弾)だが、ドイツ降伏後も原爆の完成に向けて作業が続けられ、結局は第二次世界大戦末期の日本に実戦使用された。

平時の人権・人道感覚からすると大きな逸脱感、感情的には憤りを禁じ得ないほどに、いとも簡単に核使用のハードルが越えられてしまった。しかも、戦時とはいえ、民主主義国家の米国で核攻撃が決定され、実行された。無謀な日本の戦争の結果がめぐりめぐって被爆につながったのであり、核攻撃の標的となったからといって、複雑な思いがありながらも、被爆地が反米の地とはなっていない。だが、核を持つ国が戦争に突入すれば、その国がどんな体制であれ、核使用がありうるとのリアルな確信が被爆地にはある。

核戦争の凄惨な実相を知る人間、街としてのリアルな視点からの核廃絶論。核兵器が実際に使用されうるという事実を経験していることから、次なる核使用を強く懸念するリアルな危機意識。こうした「現実主義」が貫かれているからこそ、長崎を「最後の被爆地に」というメッセージにも力がこもってくる。

「ウクライナ危機」は、世界にどのような衝撃を与えたのだろうか——。

そんな被爆地はもちろんのこと、他の世界各地に衝撃を走らせたのが、二〇二二年二月に始まったロシアのウクライナ侵略である。軍事作戦が始まったその日から、ウラジーミル・プーチン大統領が「核による恫喝《どうかつ》」を公然と口にするようになった。米国などが軍事介入してロシアのウクライナ侵略の邪魔になるのを防ぐねらいからだろうが、侵略の最中に核保有国が核使用の可能性で威嚇《いかく》するのは歴史上、初めてのことだった。もともと不法な侵略であることに加えて、その侵略を思いどおりに実行するために、核兵器による脅しで米国などの北大西洋条約機構（NATO）諸国の武力介入を抑え込もうとするプーチン大統領の言動に、「悪くすると核戦争になるのでは」との危機感が一気に広がった。一九六二年のキューバ危機以来もっとも核戦争リスクが高まったとも言われている、「ウクライナ危機」である。

国際社会や地域社会、そして私たちの暮らしそのものに甚大《じんだい》な打撃・被害をもたらしかねないグローバル巨大リスクには、核戦争のほか、気候変動やパンデミックなどが含まれる。近年は、頻発する異常気象の影響もあって気候変動リスクへの関心が世界規模で高まり、新型コロナウイルス感染症の爆発的な拡大の結果、パンデミックに対する危機感もグローバルに共有されるようになった。

その一方で、「いったん現実になると甚大な破壊をもたらすが、実際に起きる可能性は他のリスクに比べれば低いのでは」と受けとめられがちなことから、核戦争への危機意識は低い状態が長らく続いてきた。

そんな核世界(核のある世界)の現在地に打ち込まれたのが、ロシアの「核による恫喝」であった。これは多くの人々に、核戦争がリアルなリスクであることを知らしめた。気候変動、パンデミックといった他のグローバル巨大リスクと同様に、核戦争に関しても最悪の場合を想定しながら対応していくべきであることを、強く認識させられた。

核抑止依存から、核抑止解体へ移っていくには――。

「ウクライナ危機」を乗り越え、長崎を永遠に「最後の被爆地」として人類の歴史に刻んでいくには何が必要なのだろうか。

さまざまな方法や取り組みが考えられるが、どのように駒を進めようとも避けて通れない問いがある。核兵器の存在や核兵器の保有を正当化する核抑止(論、政策の両方)をどのように縮小・最小化させ、やがては退場に追い込んで、核抑止に依存しない安全保障政策へシフトしていくかという問いである。

核攻撃の「現場」を知る被爆地には、核兵器を持っても使ってもいけないし、核を持つ国が戦争すれば核使用はありうる、との「現実主義」があることは前に述べたとおりである。その「現実主義」の視点からは、核使用の脅しで相手の核使用を封じる「恐怖の均衡」で平和の維持をはかる核抑止の考え方は、むしろ現実味を欠くものだ。核兵器は存在する限り使われるのであり、人間と核兵器は共存できないという被爆者の訴えは、核抑止の対極に位置するものである。

この被爆地からのメッセージが日本の国内外でより多くの共感を得ていくには、核抑止の内実にわけいって、核抑止を是《ぜ》とする理由を分析したうえで、それに依存することのマイナス面をできるだけ明確に提示していく必要があるだろう。そのうえで、核抑止に依存することとは別の選択肢、そして核廃絶が実現するまで核を使用させない政策選択を模索する試みが欠かせないだろう。

こうした目的のために本書では、核抑止を「解体」する。

広辞苑によると、解体という言葉には、「一つにまとまったものをばらばらにすること」の意味に加えて、杉田玄白ほか翻訳のドイツ医学書『解体新書』で使われているように、「解剖」の意味がある。本書では核抑止をまずは解剖して、その理論や政策の弱点やリスクなどをつまびらかにする。そのような解剖作業をしたうえで、核抑止を文字どおり「ばらばら」に解体して国際社会から退場させ、「核のない世界」へと進んでいくための方策をさぐることにする。その際、従来の安全保障論、軍備管理論の枠を超えて、「人新世《ひとしんせい》」(アントロポセン)とも呼ばれるグローバルな変化とリスク(核兵器、気候変動、パンデミックなど)に満ちた時代の人類と地球の未来に思いをいたしながら、核抑止解体⇒退場に向けた戦略を追っていきたい。

本書の書名は、『迫りくる核リスク　〈核抑止〉を解体する』である。書名であえて核抑止に〈　〉をつけたのは、核抑止について考察することが本書の一貫したテーマであること、核抑止に懐疑的な視点を持っていることを強調したかったからである。その役割は書名で存分に果たしてくれたと判断して、本文中では〈核抑止〉は使わず、核抑止という言葉をそのまま表記する。

表記について、もう一点説明しておく。核不拡散条約(NPT)に加入して核兵器を持つ国については核保有国、持たない国は非核保有国と記す。NPTに加入せずに核を持った国(持ったと思われる国)は、核武装国と記す。引用の原文がこの表記と異なる場合は、引用部分については原文中の言葉をそのまま使うことにする。主な参考文献については、本文中の引用・参照箇所に近いところで筆者・書名(論文名)を記し、巻末により詳しい情報を記載している。

目　次

第二部　核抑止に潜む巨大リスク

目　次

第一部 ウクライナ危機のインパクト

ウィーンで開かれたTPNW第1回締約国会議で発言する長崎市の田上富久市長(左)と広島市の松井一實市長(2022年6月21日。提供：時事通信社)

NPT	核不拡散条約
NATO	北大西洋条約機構
WTO	ワルシャワ条約機構
SLBM	潜水艦発射弾道ミサイル
ICBM	大陸間弾道ミサイル
INF	中距離核戦力
新 START	新戦略兵器削減条約
TPNW	核兵器禁止条約
NPR	核態勢見直し
SLCM	海洋発射巡航ミサイル
SALT I 暫定協定	第一次戦略兵器制限暫定協定
IAEA	国際原子力機関

第1章　「核による恫喝」があぶりだしたもの

核不拡散条約（NPT）が「公認」した核保有五か国と核武装国（NPTの枠外で核武装した四か国）の核弾頭保有数は次ページの図のとおりである（二〇二二年の推定）。

一見してわかるように、ロシアは米国と並ぶ核超大国である。そのため冷戦時代から冷戦後の近年にいたるまで、米ロ（米ソ）は基本的に、核超大国としての立場、国連安全保障理事会（安保理）の常任理事国としての立場を意識した行動をとるのが、すべてのケースではないにしても、不文律《ふぶんりつ》のようになっていた。

しかし、「ウクライナ危機」でロシアは、国際法や政治的約束を踏みにじる「掟《おきて》破り」を繰り返した。傍若無人とも言える振るまいをためらわず、二一世紀も二〇年以上が過ぎたこのタイミングで、二〇世紀前半、あるいは一九世紀の時代のようなあからさまな侵略行為、非人道行為に打って出た。しかも、軍事侵略を開始したその日から「核による恫喝」を前面に出して、

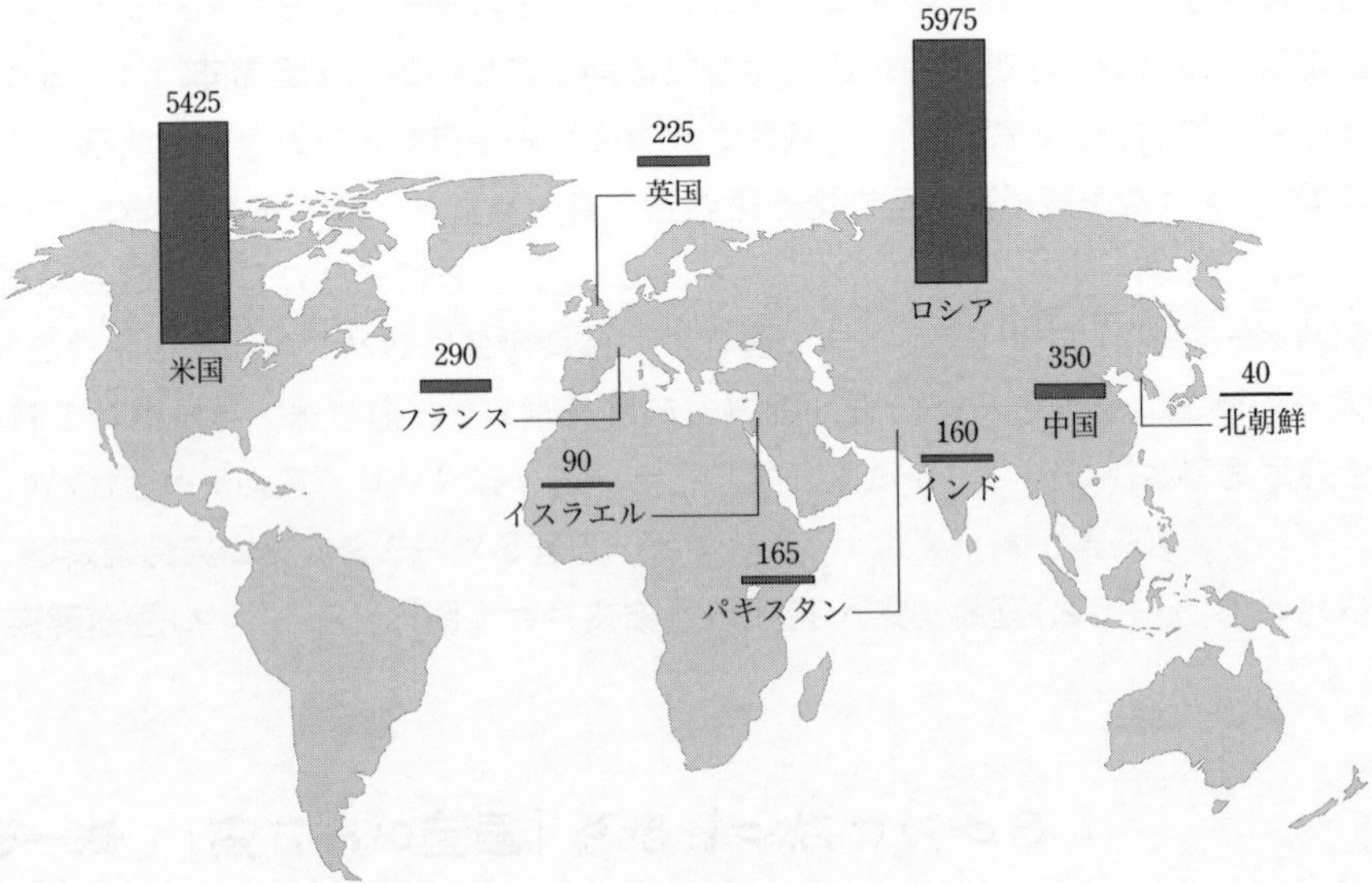

出典：RECNA 核弾頭データ追跡チームのデータより作成

図　世界の核弾頭数(2022 年推定)

国際社会に大きな衝撃を与えた。こうしてロシアは、ウクライナの「国家安全保障」のみならず、ウクライナの人々の「人間の安全保障」を次々に蹂躙《じゅうりん》していった。

プーチン大統領の「掟破り」

国際社会は、主権国家の利害対立が錯綜《さくそう》するなかで、さまざまな約束事を重ねて、何とかもめごとの平和的な解決を求め、秩序の形成・維持をはかってきた。それだけに法的な拘束力《こうそくりょく》があろうがなかろうが、重要な約束事をいとも簡単に破るような行為は、国際社会を攪乱《かくらん》させる邪道でしかない。「ウクライナ危機」でのロシアの行動は、そんな「掟破り」の連続であった。

まずは国連憲章への背信である。

国連憲章は武力行使を原則的に違法とみなしており、①国連安保理決議にもとづく強制措置、②自衛権にもとづく措置、のふたつの場合にしか武力行使を「合法」と位置づけていない。

プーチン大統領は二〇二二年二月二四日、ウクライナでの軍事作戦開始に際して、「ロシア、そして国民を守るには、ほかに方法がなかった」と強調した。ウクライナ東部のロシア系の住民をウクライナ軍の攻撃から守り、拡大する北大西洋条約機構(NATO)のロシアへの脅威に対抗するにはこれが唯一の選択肢という自己正当化の論理であり、自衛権にもとづく武力行使だという主張である。

しかしながら、ウクライナがロシアを先に攻撃したわけではなく、NATO拡大で急迫《きゅうはく》した危険があったわけでもないので、自衛権の行使にあたらないとの見方が一般的である。もちろん国連安保理決議にもとづく武力行使でもないので、国連憲章違反のそしりはまぬがれないだろう。

次は、核戦争を防ぐための核保有国間の合意への背信である。

米国、ロシア、英国、中国、フランスの核保有五か国の首脳は二〇二二年一月、「核戦争に勝者はなく、決して戦ってはならない」という重要なフレーズを盛り込んだ「核戦争の防止および軍備競争の回避に関する核保有五か国指導者共同声明」を発表した。NPT再検討会議が近々開催されることを意識した共同声明だが、五か国がそろって首脳レベルの共同声明を出すのは初めてのことだった。

この共同声明で提案されている多くの措置は、「意図しない核兵器の使用の防止など、予期せぬ事態の悪化を防止するための措置に関して予見可能性を強化し、軍備競争を防止しようとするもの」である(黒澤満「五核兵器国首脳共同声明の核軍縮へのインプリケーション」)。

ところが、この共同声明から二か月もたたないうちに、ロシアはウクライナへの侵略を開始し、「核による恫喝」にも乗り出して、世界の核リスクを一気に高めた。

核戦争にはいたっていないし、核保有国どうしの戦争にもなっていないことから、ロシアは共同声明に違反していないとの立場のようだが、「意図しない核兵器の使用の防止など、予期せぬ事態の悪化を防止するための措置に関して予見可能性を強化」することとは逆行しており、自ら進んで核戦争が起きるリスクを高めるような行動をとった。しかも、この共同声明そのものの信頼性を大きく損ねる結果となっており、ＮＰＴ再検討会議（共同声明発表後に八月開催を決定）の展開にも計りしれない悪影響を与える事態となった。

そしてもうひとつは、ロシア軍・兵士が国際人道法に反する非人道的な行為を戦地で繰り返した疑いが強いことだ。

国際人道法は、武力紛争時における民間人、捕虜、傷病兵などの取り扱いを決めた国際法の総称であり、一九四九年の戦争犠牲者の保護のためのジュネーブ四条約や一九七七年のふたつの追加議定書などが含まれる。非武装の民間人への攻撃や、軍事利用されていない学校、病院などへの攻撃、原発への攻撃も基本的には違法である。

戦場から発信された数々の悲惨な情報に、国際社会の多くの人々は背筋が凍るような思いがしたことだろう。ジョー・バイデン米国大統領は「プーチンは戦争犯罪人だ」と批判し、日本の松野博一官房長官は「国際人道法違反であり、断じて許されない。戦争犯罪が行われたと考えられる」との見方を示した(二〇二二年四月四日付、朝日新聞デジタル)。

これではロシアと、どんな約束事をしても無駄ではないのか――なりふりかまわない、あまりに自己中心的な「掟破り」の連射は、そんな思いを広めてしまうような暴挙である。

「核による恫喝」の衝撃

ウクライナへの「特別軍事作戦」開始を発表した同じ演説でプーチン大統領は、「ロシアは、ソ連が崩壊したあとも最強の核兵器国のひとつである。ロシアへの直接的な攻撃は、敗北と壊滅的な結果をもたらすだろう」と述べ、NATOが軍事介入した場合の核使用の可能性を前面に出して、主に米欧を威嚇《いかく》した。

核保有国が、自ら進軍した戦争の最中に核使用の可能性を口にし、事実上、敵対する核保有国とその同盟国を恫喝したのは初めてのことである。プーチン大統領が、さらにその三日後、核兵器の運用部隊を「戦闘警戒態勢」におくように軍部に命じたため、国際社会には戦慄が走った。米ロがお互いの本土を攻撃する戦略核(一般に飛距離が長く、爆発力も巨大)よりはむしろ、戦場での使用を念頭に開発された戦術核(一般に飛距離が短く、爆発力も戦略核より小さい)の前線への配備や実際の発射が危惧された。

これらの言動がすぐさま、核戦争を誘発することはなかったし、その意図はプーチン大統領にもなかったことだろう。むしろ核による恫喝には、「NATOによる軍事介入の阻止」のほか、欧米や日本などがとった経済制裁措置への「意趣返し」＝制裁の「圧力には屈服しないとの意思表示」、「戦時体制に突入したロシア国民向けの国威発揚」＝「国内的な締め付けと〝正統性〟の誇示」といった政治的・外交的効果をねらった面もあることだろう(太田昌克「核カオスの深淵」)。

それでも、プーチン大統領の核による危うい威嚇は終わらなかった。ロシアへの批判がいっせいに噴き出したことを受け、ロシア側は、核戦略に基本的な変更はないなどとして、国際社会の反応の鎮静化をはかる動きも見せたが、プーチン大統領は侵略開始から約二か月後の四月二七日に、議会関係者らとの会合で改めて、核兵器という言葉は使用しなかったものの、恫喝の言葉を発した。

プーチン大統領はこの会合での演説で、「(ウクライナでの軍事作戦に介入する国が出てきた場合には)電光石火の対抗措置を受けることになる」と強い言葉でけん制し、「(ロシアは)他国にない兵器を保有しており、必要な時に使う」との考えを示した。「他国にない兵器」がどのような兵器かは明言しなかったが、「それをひけらかさず、必要な時に使う。皆がそれを知っておくべきだ」と述べた。欧州などのメディアでは、核超大国としてNATO側へ改めて警告を発したと受けとめられた（二〇二二年四月二八日付、毎日新聞デジタル。以下〔　〕は筆者吉田の注）。

プーチン大統領の言動で、見えにくい形で日常的に潜んできた核戦争という巨大なリスクが、誰の目にも明らかな形で「可視化」された格好になった。

大統領選挙で敗北したドナルド・トランプ米国大統領（当時）が、常軌《じょうき》を逸《いっ》して「核のボタン」に手を伸ばすのではないか。北朝鮮の金正恩・朝鮮労働党総書記が誤った判断をして、核戦争の戦端《せんたん》が開かれるのではないか。パキスタンでクーデターが起き、混乱がこうじて核兵器が制御不能になるのではないか――。潜伏してきた核リスクは枚挙にいとまがない。ウクライナ危機においては、「かつては考えられなかった、核兵器を使った紛争がいまや起こりうる状況だ」とアントニオ・グテーレス国連事務総長が危惧する状態にまで、核リスクを「可視化」したのが、ロシアによる横暴な「核カード」の使用の特徴であった。

「核のタブー」への打撃

プーチン大統領の危うい「核カード」の見せつけ方は、長崎以降に核使用がなかった歴史に貢献してきたと考えられる「核のタブー」を著しく侵食したのではないか、との懸念を拡大させた。

核保有五か国、とくに核超大国である米ロでは、実際に核使用には進まないという「核のタブー」が、冷戦期も含めて相当程度に作用してきたと考えられる。こうした「核使用のタブー」に加えて、核による「抜身の威嚇」はしないという「核による恫喝のタブー」も同時に存在してきたとも言えるだろう。

強そうな武士がお互いに鞘《さや》におさめた刀を腰に差しているだけで、双方に対して慎重な行動をとらせる抑止力が働くかもしれない。だが、一方が刃を光らせる「抜身の威嚇」に転じると、それだけで一触即発の事態に発展し、命を賭《と》した果たし合いになりかねない。そうした形で核による果たし合いへと事態が悪化するのをはるか手前で防ぐためにも、核による恫喝や戦争準備態勢を高めるような命令、すなわち「抜身の威嚇」を自重する「核による恫喝のタブー」が暗黙のうちに、ときに明示的な方法を通じて保持されてきたのである。

ウクライナ危機では少なくとも現段階では「核使用のタブー」が守られているが、「核による恫喝のタブー」は破られてしまった。

今後、「核による恫喝のタブー」を復権させることができるのか、それとも、いったん破られたタブーを元に戻すのはむずかしく、このタブーがどんどん後退していくのか。引き続き不確定要因が多いものの、核超大国の指導者がタブーを踏みにじったインパクトは大きく、タブー崩れが拡散する危険が以前に比べて一気に高まったと言えるだろう。

核保有五か国が「核使用のタブー」はもちろんのこと、「核による恫喝のタブー」の再生に力点をおかないと、タブー崩れが、NPTの枠外で核武装したインドやパキスタン、北朝鮮、さらにはイスラエルに連鎖する危険がある。それが現実になると世界は、核による恫喝や核兵器使用のリスクに覆《おお》われた「核のジャングル」へと迷い込みかねず、世界は一気に、その岐路に立たされることになったと評しても過言ではないだろう。

ハイリスク地域の拡大

ウクライナ危機は、世界における核のハイリスク地域にも、大きな変化をもたらすことになった。

冷戦時代は欧州が核リスクの最前線だった。ドイツは東西に分断され、ベルリンも東西に隔てられ、巨大な軍事同盟である西側のNATOと東側のワルシャワ条約機構(WTO)が対峙《たいじ》していた欧州こそが、米ソ核戦略の主要な「現場」であった。欧州の一部であるロシアにとっては欧州という空間が地政学的に重要地域だが、西欧諸国と歴史的、政治的、経済的つながりが大きい米国にとっても、欧州が対ソ戦略の主要な舞台だった。

冷戦後、ソ連崩壊でこの構図に大きな変化が起きて、欧州ではなくアジア、とくに北東アジア、南アジアが核リスクのホットスポットとなった。

アジア地域や太平洋、インド洋に世界の関心が集まるようになった背景には、中国の国力増強がある。経済的には国内総生産(GDP)で日本を抜いて米国に次ぐ世界二位の大国となり、軍事力全般の増強を継続している。中国が軍拡路線に踏み出したことで、米中間のつばぜりあいが激しさを増している。

こうしたなかで中国の核増強も顕著になり、核弾頭保有数では二〇二〇年にフランスを追い越して米ロに次ぐ世界三位となった。潜水艦発射弾道ミサイル(SLBM)搭載の原子力潜水艦の開発や配備を進めているほか、大陸間弾道ミサイル(ICBM)の発射基地を拡大する動きも見せている。

数から見ると中国の主要な核戦力は、中距離核戦力(INF)に該当する陸上配備型の核ミサイルである。米国は、ロシアが違反していると主張して二〇一九年に二国間のINF全廃条約を破棄したが、これには中国がINF全廃条約による規制対象外であることへの不満も作用していた。台湾海峡をめぐる米中関係の緊張は継続されており、悪くすると核危機に直結するリスクを常にともなってきた。そうした北東アジアでの核情勢のもとで、北朝鮮の核・ミサイル開発も続いてきた。

南アジアに目を転じると、インドは隣接する中国と長年のライバル関係にある。中国の核戦力増強は主として米国と同盟国(日本、韓国)を念頭においたもので、インドへの抑止力を強く意識したものではないが、増強のペースはインドを上まわっている。インド・中国間の核戦力の差は開く傾向にあり、こうした状況が続くとインドが核増強を加速させる恐れがある。

インドはパキスタンとも対峙しており、パキスタンの核増強の主な目的はインドに対する抑止力であり戦力である。中国の核戦力の増強がインドの核戦力増強をうながし、それがパキスタンの核戦力の増強を誘発するような玉突き核軍拡に拍車がかかれば、南アジアでの核リスクが一段と高まりかねない。

こうした形で、冷戦後の核対立の軸は、大きくアジアにシフトした。しかしながら、ウクライナ危機が欧州を核リスクのホットスポットに引き戻した。

通常戦力でNATOに大きく水をあけられ、総合的な国力でも米欧の総和にはとても及ばないロシアが「超大国」の冠をかぶれるのは事実上、核戦力のみである。ウクライナ危機でロシアがさらに核兵器への依存を強めるようであれば、核のハイリスク地域がユーラシア大陸全域に拡大していくことが危ぶまれる。

核軍縮混迷

ウクライナ危機以前から混迷期に入り込んでいた核軍縮だが、ウクライナ危機の強烈な荒波のせいで一段と先行き不透明な状況に追い込まれてしまった。

まず、ウクライナ危機以前の状況を振り返ってみる。

プーチン氏が大統領職に復帰した二〇一二年以降に米ロ関係は悪化し、二〇一四年にロシアがクリミア半島（ウクライナ領）を一方的に併合したことでさらに関係が冷え込んで、米ロ間の核軍縮をめぐる環境が大きく損なわれてしまった。

二〇一七年に米国大統領に就任したトランプ氏が核軍縮に消極的だったことも相まって、核軍縮は茨の道となった。それどころか、トランプ氏はＩＮＦ全廃条約をほぼ一方的に廃棄し、大統領任期中には期限切れ（二〇二一年二月）が近づいていた新戦略兵器削減条約（新ＳＴＡＲＴ）の延長も決めなかった。

次のバイデン大統領は新ＳＴＡＲＴを延長したものの、五年の延長期限内に後継の条約を締結できるかどうかは見通せていない。仮に後継の条約がないまま期限切れを迎えると、一九七二年以来初めて米ロ（米ソ）は、核軍備管理（核弾頭やミサイルなどの量や性能、開発・実験の規制）と核軍縮（核弾頭やミサイルなどの削減・禁止）に関する二国間条約がない事態に直面することになる。

米ロ間の核軍縮を妨げる「影の主役」は、核増強を進めてきた中国である。加えて、核抑止に影響を与えるような最先端技術を利用した兵器の登場が、核軍縮の枠組みの問い直しの必要性を高めている。

今後の核軍備管理は、①米中ロなどの多国間交渉が必要となり、②しかも、核以外の最先端技術を利用した兵器も交渉の対象にする必要性が高まってきていると言えるだろう。

そうした基本的な構図の変化が進行するなかで、ウクライナ危機が起きた。その結果、先に述べたように核のハイリスク地域がユーラシア大陸で拡大しかねない状態を招いてしまった。しかも、ウクライナ危機で米ロ関係が悪化し、中国が大規模な対ロシア経済制裁に消極的だったことなどから米中関係の冷え込みが一段と強まる展開となり、新たな核軍縮の枠組みの構築に向けた具体策は見通せない状況に陥った。

NPTへの不信

こうした事態は、NPTの今後についても不透明感を増すことになるだろう。ウクライナ危機のあおりで核軍縮の突破口さえ見えない状態が続けば、すでに強まっているNPTへの不信がさらに悪化することは想像に難くない。核による恫喝をはばからず、軍縮の機会も遠ざける軍事侵略は、誠実な核軍縮交渉義務を定めたNPT第六条に背く行為である(NPT第六条については第2章で詳述)。これは、非核化してNPTに加わったウクライナへの背信と合わせて、ロシアの責任がきわめて重いのは疑いの余地がないところだ。

ただ、ウクライナ危機は、思い切った核軍縮に乗り出さずに核抑止への依存を続けてきた核保有国の安全保障政策とも無縁ではない。ロシアと同等ではないにしても、ロシア以外の核保有国のNPT第六条上の責任も厳しく問われることとだろう。

核兵器禁止条約(TPNW、二〇二一年発効)との関連も大事なポイントである。TPNWが成立にいたった理由のひとつは、NPTのもとで核軍縮が進まない状況への根深い不満だった。そこへウクライナ危機後の核軍縮の混迷が上乗せされると、NPTで「核のない世界」へ進めるのかといった疑問がさらに大きく膨らみ、(それがTPNWのねらいではないにしても)NPTを基軸にした核軍縮ではなく、TPNWを通じた核軍縮へと路線変更する国が続出しても不思議ではない。このような展開が勢いづけば、ＮＰＴを基盤とする核軍縮・不拡散の体制が根本から問い直しを迫られる事態に直面するかもしれない。

核抑止の脆弱性論

ここにきて、核抑止論の弱点をつく議論も、新たな展開を見せ始めている。

核抑止の基本的な目的は、相手がこちらに大きな危害を与える（与えそうな）行動をとった場合には、相手に重大な反撃を加える意思と能力を持っていることを従前から明示し、相手がそうした行動に出るのを思いとどまらせることにある。

したがって核抑止は理論的には第一に、核兵器を持ちながら核兵器を実際に使用することなく戦争を回避することが主眼の戦略（核戦争防止の抑止戦略）である。そして第二には、戦争が起きて核使用にいたった場合であっても、限定的な使用にとどめながら有利に戦争を進めたり終わらせたりすることをねらった戦略（核戦争中の抑止戦略）である。

ここで明らかなように、核戦争防止の抑止戦略か、核戦争中の抑止戦略かを問わず、核抑止論は核を持つ国・指導者どうしが「合理的判断」をすることを想定して立論されている。最終的には破滅回避、制御不能回避のために抑制的な判断をするとの想定だが、ウクライナ危機はこうした想定の危うさを浮き彫りにした。

「合理的判断」を想定した核抑止論は、破滅など恐れずに核使用に賭ける選択をする非合理的な国・指導者に対して、果たして有効なのか。そんな疑問はこれまでにも、繰り返し突きつけられてきた。

一例が、核武装した北朝鮮で、追いつめられて自暴自棄になれば核抑止は無力化するかもしれないとの懸念が示されてきた。そうしたなかでウクライナ危機が特段の意味を持つのは、米国と並ぶ核超大国ロシアが国際法、国際人道法を踏みにじる形で軍事侵略し、しかもその戦争の最中に「核による恫喝のタブー」を破ってしまったからである(「非合理的判断は想定外」とした核抑止の脆弱性《ぜいじゃくせい》については第7章で改めて述べる)。

果たして、「合理的判断」の想定は、どこまで合理的で、安全保障政策として現実的な信頼感を維持できるものなのか。

作家の佐藤優氏は、核抑止が、「近代的で合理的な人間観の上でのみ成り立っている」ことの限界を、端的な言葉で以下のように指摘している。

お互いの額に拳銃を突きつけて引き金に手をかけ、相手が引き金を引けば自分が直ちに引くので、結局は両者怖くて引けないだろう。

そういう抑止の理屈は、例えば、「我々は全世界を敵に回しても我が民族だけ生き残ればいい」と考えているような首脳がいた場合は効きません。〔中略〕

それからもう一つ。「確かに私はそれで死ぬかもしれないけれども、私の魂が天国に上がって神様に保護されて永遠の命をくれる」といった信仰体系の人たちにも通じません。

今までなぜ、抑止理論が北朝鮮やイランに対して通じなかったかというと、まさに人間観の違いがあるからです。

（二〇二二年七月二三日付、朝日新聞デジタル）

ウクライナ危機後の世界でも同じように、核抑止に頼ることが安定的な安全保障政策と言えるのか。中国や北朝鮮、インド、パキスタン、イスラエル、さらには核武装した場合のイランが合理的判断を保ち続けると想定することが現実的なのか。ウクライナ危機で気づかされたのは核抑止の強靭性ではなく、むしろ脆弱性ではないのか。そうした核抑止への疑念が飛び交うことだろう。

核抑止依存の強化論

他方で現実の国際社会では、「目には目を」の発想から、「核抑止強化論」が勢いづいている。ロシアが核抑止を前面に押し出したことを踏まえて、米国とその同盟国はもっと実際の核使用を視野に入れた核兵器の装備や同盟間の政策調整をおこなうべきといった意見である。相手が「核による恫喝のタブー」を破って、「抜身の威嚇」をしかけてくるのだから、こちらもタブーに縛られずに対抗していくべきとの論理にもとづくものである。

米国ではバイデン政権が二〇二二年三月に同政権の「核態勢見直し」(NPR)をまとめたが、核保有の目的を、相手の核使用の抑止のみとする「唯一の目的」宣言は見送られた。

一方、今回のNPRは、海洋発射巡航ミサイル(SLCM)の開発計画をキャンセルする方針を示した。これは、トランプ政権が開発を決めた「使いやすい核」(核弾頭のなかでは爆発力が小さめのもの)の部類に入ると考えられている核ミサイルで、バイデン政権はあえて開発計画をやめる方針に転じたわけだが、議会のなかのSLCM支持派がその復活に動いた。議会での論戦で米軍の幹部たちが、「使いやすい核」としてSLCMを保有すべきだと主張したのだ。ロシアが「使いやすい核」を使ってくる可能性もあるなか、米国も同様な選択肢を持っておくのが得策との考えで、ウクライナ危機を梃《てこ》にしてSLCM配備計画を維持することによる核抑止強化の必要性を強調したのである。

ウクライナ危機はＮＡＴＯの新たな拡大にもつながった。ロシアと長い国境を接するフィンランドと、長年にわたって「中立」を保ってきたスウェーデンがＮＡＴＯ加盟を申請したのである。ＮＡＴＯと同盟関係にないウクライナの惨状を目の当たりにして、米欧同盟の一員となる、さらに言えばＮＡＴＯの核政策の一端を担う国となった。

一方、ロシアはバルト地域にある「飛び地」（ロシア領）のカリーニングラードやロシアの隣国で同盟国のベラルーシに、戦術核を配備する考えをちらつかせたりしている。フィンランドとスウェーデンが米国を軸とする核同盟に加わることで、バルト海の「核地図」が変わってくる可能性も出てきている。

「核の共有」

日本でも、「核抑止強化論」の延長線上にあるような動きが相次いだ。安倍晋三元首相や日本維新の会が、「核の共有」の議論を日本でも、と提唱した。

この「核の共有」とは、どのようなものなのか。

先例としてしばしば引き合いに出されるのが、ＮＡＴＯの制度である。この制度では、米国保有の核兵器を核を保有していない加盟国の軍事基地に保管して、平時における管理はその基地内で米軍が担当する。戦争になって実際に核を使用する段階になると、軍事基地に配備された同盟国の爆撃機に核兵器を搭載して出撃する。現在はドイツ、イタリア、ベルギー、オランダ、トルコが「核の共有」に参加しており、合わせて約一〇〇発の米国の核兵器を、この五か国に保管しているとされる。

核を使用するかどうかの決定はNATOの意思決定機関である理事会でおこなわれ、加盟国の同意が必要となる。現実には、核兵器を提供している米国の合意なしに核の使用はできない仕組みになっている。これを日本に適用するならば、米国の核兵器を自衛隊のミサイルに装着して自衛隊の戦闘機や潜水艦などで運ぶか、地上配備のミサイルで発射するという形になるだろう。

こうした動きについて作家の佐藤優氏は、「ウクライナ戦争で核兵器をめぐる日本の議論はリアリズムから乖離《かいり》しており、拙速で感情的すぎます」「「核共有」の話がそうです。「現物をここに置いて。そうじゃないと信用できない」というのは日米同盟を信頼していないこと。それがなぜ安全保障に役立つのでしょうか」と指摘した（二〇二二年七月二三日付、朝日新聞夕刊）。

岸田文雄首相は、「核の共有」論議の提案があってからほどなく、「核共有は検討しない」との方針を示した。自由民主党の国防部会も専門家の意見聴取と並行して議論したが、「検討しない」との方針を示し、「核の共有」の選択肢を推し進めなかった。しかしながら、いくつもの課題を抱える「核の共有」が検討課題として国政レベルにまで上げられたこと自体が、ウクライナ危機と連動した、「核抑止強化論」にもとづく条件反射的な反応の結果であった。

「核の共有」論がとりあえずは沙汰止《さたや》みになったとは言え、「核抑止強化論」が消えたわけではない。米国の拡大核抑止への信頼を維持する意図も込めて、二〇二二年五月の日米首脳会談を受けた共同声明には、「バイデン大統領は、核を含むあらゆる種類の能力によって裏付けられた、日米安全保障条約の下での日本の防衛に対する米国のコミットメントを改めて表明」したとの文言が盛り込まれ、拡大核抑止が再確認された。

ここで出てきた拡大核抑止とは、核保有国が同盟国に提供する安全保障措置のひとつである。その基本的な枠組みは、核保有国（たとえば米国）の同盟国（たとえば日本）が核攻撃（場合によっては核兵器以外による攻撃）を受けた際には、核保有国が攻撃を受けたのと同等とみなして核兵器で反撃する意図をあらかじめ示しておくことで、同盟国への他国による攻撃を思いとどまらせる政策である。拡大核抑止は「核の傘」とも表現され、同じ意味の言葉である。核保有国から拡大核抑止を提供されている非核保有国は、「核の傘国」とも表現される。

共同声明によって、米国がウクライナ危機後も引き続き、このような拡大核抑止で日本を守る決意であることをバイデン大統領が確認して、日本のなかで不安が広がらないように試みたのである。

強固になった二項対立的な構図

そもそも、核兵器は非人道的な兵器であるという立場からすれば、核兵器を前提とした核抑止論は人道的に認められるものではない。ウクライナ危機勃発後の「核抑止強化論」も、とても容認できるものではない。

明確にその立場をとっているのが、広島、長崎などで核廃絶を訴えてきた被爆者の団体である。ウクライナ危機で核リスクが高まったことを受けて、長崎原爆被災者協議会の田中重光会長は四月二六日の抗議集会で、「〔プーチン大統領が〕自らの権力欲のために核を持ち出し、他国を脅すとは言語道断だ」と憤りの思いを語った。

被爆地の「平和宣言」でも強い懸念が表明された。田上富久・長崎市長は二〇二二年八月九日の「長崎平和宣言」で、「この〔ウクライナ危機に関する〕出来事は、核兵器の使用が〝杞憂〟ではなく〝今ここにある危機〟であることを世界に示しました。世界に核兵器がある限り、人間の誤った判断や、機械の誤作動、テロ行為などによって核兵器が使われてしまうリスクに、私たち人類は常に直面しているという現実を突き付けたのです」と世界に訴えた。

松井一實・広島市長は八月六日の「平和宣言」で、「為政者に核のボタンを預けるということは、一九四五年八月六日の地獄絵図の再現を許すことであり、人類を核の脅威にさらし続けるものです。一刻も早く全ての核のボタンを無用のものにしなくてはなりません」と、核抑止依存への傾斜に強い危惧の念を表明した。

ウクライナ危機でくっきりと浮かび上がってきたものは何か……。

それは第一に、核使用のリスクがきわめてリアルな存在である現況。そして第二には、もともと核抑止依存派、あるいは肯定派の立場にいた多くの人たちがその立場を強化する方向に動き、同時に核抑止懐疑派、否定派の人たちの多くは一段とその立場からの主張を強める傾向が顕著になっている状況である。

ロシアによるあからさまな「核による恫喝」が、一方で「恐怖の均衡」に頼ろうとする心理を増幅させ、他方で「恐怖の均衡」からの解放をめざすベクトルを拡大させたのである。換言するとウクライナ危機は、少なくとも発生直後の事象を見る限り、もともと存在した核抑止の評価をめぐる二項対立的な構図をさらに強固なものにしたように見える。

そうしたなかで、「核のない世界」をめざしていくには、「はじめに」で記したように、核抑止を是とする理由を分析したうえで、それに依存することのマイナス面をできるだけ明確に提示していく必要があるだろう。そこで以下の章において、ウクライナ危機のインパクトも踏まえながら、核抑止を「解体」していくことにする。

第2章　核不拡散条約と核兵器禁止条約

世界の核軍縮は長らく、一九七〇年に発効した核不拡散条約（ＮＰＴ）を基盤に展開されてきた。しかし、二〇二一年に核兵器禁止条約（ＴＰＮＷ）が発効して、「核のない世界」に向けた核軍縮・廃棄をうながす多国間条約がふたつ存在する時代に突入した。

ＮＰＴの第六条と第四条

まず、ＮＰＴ（締約国は一九一か国）について説明したい。一九六八年に合意されたＮＰＴは、この時点ですでに核武装していた米国、ソ連（ロシア）、英国、フランス、中国のみをＮＰＴ上の「核保有国」とみなして、少なくとも一定期間は核兵器を持ち続けることを「公認」した。他方で、そのほかの諸国は「非核保有国」としてＮＰＴに加わることを求める内容の条約となっており、明らかに不平等な構造になっている。

それでも多くの国がNPTに入って支持してきたのは、核拡散を防ぐことの安全保障上の意義を共有したのと、NPT第六条に盛り込まれた「誠実な軍縮交渉義務」にもとづいて、「公認」核保有国が軍縮を進めて核廃絶という最終目標に近づいていけるとの期待を込めてのことだった。

六条の条文には「各締約国は、核軍備競争の早期の停止及び核軍備の縮小に関する効果的な措置につき、並びに厳重かつ効果的な国際管理の下における全面的かつ完全な軍備縮小に関する条約について、誠実に交渉を行うことを約束する」と規定されている。

しかし、核廃絶の方法や期限などについての具体的な記載があるわけではない。そこでNPTに加わった非核保有国は、五年に一度開催されるNPT再検討会議(NPTの実効性を高める目的で一九七五年より開催)で六条にもとづく核軍縮の実行を求め、六条を「口約束」で終わらせない努力を重ねてきた。重要な成果の一例が、二〇一〇年のNPT再検討会議において、核保有国も合意したコンセンサス(全会一致)方式で採択された最終文書である。そこには、核兵器の全面的な廃絶への核保有国による「明確な約束」など、核軍縮に関する行動計画が盛り込まれた。

非核保有国を引き寄せるねらいを込めたもうひとつの重要な条文が、NPT第四条である。

四条は原子力の平和利用は締約国の「奪い得ない権利」と規定し、技術協力もうながしている。この結果、ＮＰＴに加入している非核保有国は原子力の平和利用を望む場合には自らの権利を主張し、原発や関連技術などの導入で協力を得るための法的根拠とすることができる。

こうしたことからＮＰＴは、核軍縮、核不拡散、原子力の平和利用の三本柱のバランスにもとづく、「グランド・バーゲン」（三本柱を同時に推進する取引）によって形づくられた多国間条約であると称される。この構図が首尾よく機能して、三本柱が基本的にウィン・ウィンのゲームを展開できている限りは、原子力の平和利用を進めながら、ＮＰＴに則って核のない世界を実現する路線が持続可能なものとなりうる。しかしながら、三本柱のうち一本でも大きく崩れるとＮＰＴの実効性が大いに損なわれたり、ＮＰＴに失望して脱退へ動く国が増えたりする事態が現実化しかねないもろさも内在している。

ＮＰＴへの評価

では、二〇二〇年に発効から半世紀を迎えたＮＰＴをどう評価すべきなのか。さまざまな分析が提示されているが、少なくともＮＰＴが相当程度、核軍縮・不拡散に貢献してきたことは評価されるべきである。

ＮＰＴの存在価値を語るときに第一にあげるべきは、ＮＰＴが、「公認」核保有五か国に誠実な軍縮交渉を義務づけた唯一の多国間条約であるという希少性である。非核保有国は国連総会決議などで核軍縮を政治的にうながせるが、だからといって核保有国が核軍縮交渉を進める法的な義務はない。ＮＰＴも誠実な軍縮交渉を義務づけているだけで、核軍縮を必ず実現することまで義務づけてはいないが、非核保有国が核保有国に核軍縮を迫ったり、核軍縮のペースメーカーの一端を非核保有国が担ったりしていくうえで、重要な法的な根拠となってきた。

ＮＰＴ発効の二年後の一九七二年には、最初の米ソの二国間核軍備管理条約である第一次戦略兵器制限暫定協定（ＳＡＬＴⅠ暫定協定）に合意した。冷戦終結を受けてさらに核軍縮は進み、現在の総核弾頭数はピーク時の六分の一ほどにまで削減された。期待どおりの核軍縮ではなかったものの、曲がりなりにもここまで進んできたのはＮＰＴという基盤があったからこそだろう。このように「公認」核保有五か国に軍縮交渉を義務づけた唯一の条約であることの価値は大きく、ＮＰＴを存続させ、期待どおりに機能させていくことができれば、国際社会にとって大きな財産であり続けるだろう。

一方、核不拡散についてはどうか。

ジョン・Ｆ・ケネディ米国大統領は一九六三年三月の記者会見で、「悪くすれば一九七〇年までに一〇か国、一九七五年までに一五―二〇か国の核保有国が存在することになるかもしれない」との懸念を表明していたが、NPTが発効してから核武装し、現在も核兵器を持ち続けている国はこれまで、公式に宣言はしていないイスラエルも含めて四か国にとどまっている。非核保有国が核保有に向かわない理由はNPTの存在以外にも考えられるため、NPTの功績がどこまであったかを厳密に評価するのはむずかしいものの、相当程度の貢献を果たしてきたことは間違いないだろう。

NPTが合意された一九六〇年代後半は、原子力の平和利用への期待が世界的に大きかったタイミングであった。既存の国際原子力機関（IAEA）に、平和利用の原子力関連施設が核兵器開発に転用されていないかどうかを検証する役割を担わせることで、NPTのもとでの原子力の平和利用を後押しする体制をとったのである。米国のスリーマイル島原発事故（一九七九年）、旧ソ連のチェルノブイリ原発事故（一九八六年。ソ連解体後はウクライナの原発となり、ウクライナ語ではチョルノービリ原発と表記）、日本の福島第一原発事故（二〇一一年）といった深刻な事故が起きたことや、安全・環境対策のためのコスト高などが原因で当初考えられていたほどに原発利用は拡大していない。しかし、温室効果ガス排出を抑える地球温暖化対策の一環で改めて原発に注目が集まり、NPTのもとでの核不拡散体制の重要度が高まっている。

核拡散防止で相次いだ試練

とはいえ、現実にはNPTは数々の試練に直面してきた。

第一の試練は、NPT外での核拡散である。「不平等性」を表向きの理由にしてNPTに一度も加入したことのないインド、パキスタンが一九九八年に相次いで核実験を強行し、同じく一貫してNPTに背を向けてきたイスラエルも事実上の核武装国とみなされている。北朝鮮は短期間だけNPTに加入したことがあるものの、二〇〇三年に脱退を宣言し、その後、核実験を繰り返してきた。

第二の試練は、NPT内での核拡散防止機能の限界である。たとえばNPTの一員としてIAEAの査察を受け入れていたイラクだが、査察対象の建物内の一角に秘密の施設を建造して核開発関連の活動を進めていた。核拡散の「番犬」とも言われるIAEAだが、監視の目をかいくぐられた格好となった。ウラン濃縮計画を進めてきたイランは、IAEAに申告していない機器を導入したり、ウランを購入したりして秘密の核開発計画を進めていた。

これら第一、第二の試練とも深刻だが、多くの非核保有国が同等、あるいはそれ以上に深刻に考えているのが、第三の試練である核保有国による核軍縮の停滞である。

NPT六条の義務を十分に履行《りこう》していないことによる核軍縮の混迷状態がもたらす大打撃は、計りしれないものがある。第1章で記したように、米ロ間に残っている二国間の核軍縮条約は新戦略兵器削減条約(新START)のみであり、その後継の条約交渉はウクライナ危機のあおりで、まったく展望が見えなくなっている。中国の核兵器の増強も懸念されるが、中国は、米ロが大幅に核軍縮を進めたあとでないと米中ロ三か国の交渉には参加しないという基本方針を変えておらず、八方ふさがりの観さえある。

加えて、やはり第1章で記したように、ウクライナ危機後の核リスクの高まりに多くの非核保有国が神経をとがらせており、NPTを通じた核のある世界の秩序の安定にどこまで信頼を寄せることができるのか、大きな曲がり角に直面している。

NPTのふたつの顔

こうした形でNPTの試練が重なっても、「公認」核保有五か国と、核保有国が提供する拡大核抑止(「核の傘」)に依存する諸国にとっては、NPTの維持は価値の高いものであり続けてきた。

NPTは、じつは「ふたつの顔」を持っている。ひとつめは「核保有国・核の傘国に役立つ安全保障条約」としての顔で、核保有国とその核の傘国はそこに大きな利点を見出している。NPTでは、「公認」核保有五か国が核の傘国に拡大核抑止を提供することも、核保有国が核の傘国の領域内に核配備することも、禁止していない。したがって、核抑止に依存する集団防衛制度、二国間防衛制度が容認されている。その結果、NPTは、「公認」核保有五か国とその拡大核抑止に依存する核の傘国にとっては安全保障上、非常に好都合な条約として機能してきた側面がある。それによって、NPTは次々と試練に直面しても何とか乗り越えて、NPTを基盤とする核軍縮・不拡散体制の継続をはかってきた。

これに対して、NPTの「もうひとつの顔」は、「核廃絶に向けた軍備管理条約」の側面である。こちらに期待を寄せてきた非核保有諸国にとっては、NPTが直面する一連の試練はきわめて深刻なもので、「NPTに頼っていても、核軍縮は期待どおりには進まず、ましてや核廃絶には近づけないのではないか」との不満、不安、いらだちが募っている。

核兵器禁止条約の採択・発効

NPT締約国内でそうした葛藤や相克《そうこく》が強まるなかで、歴史的な新たな展開が、急ピッチで進んでいった。核廃絶への強い願望と、増大する核使用リスクに対する非核保有国の危機感を背景に、核兵器禁止条約（ＴＰＮＷ）が二〇一七年七月に採択され、二〇二一年一月には発効にいたったのである。二〇二二年一〇月時点の締約国は六八か国である。

ＴＰＮＷの採択に賛成した国はすべて、ＮＰＴ加入の非核保有国である。ＮＰＴには大なり小なり疑問を抱きつつも、ＮＰＴには存在価値・活用価値があるとの基本認識から、ＴＰＮＷは条文のなかにＮＰＴと両立する旨の認識を盛り込んだ。

とはいえ、現実には、根本的なところでふたつの条約は異なっている。ＴＰＮＷは核抑止の存在を前提にした段階的核軍縮⇒核廃絶ではなく、核抑止を全面否定する核の違法化を通じた核廃絶という、斬新なアプローチを選択したのである。

換言すれば、①ＮＰＴの「核保有国・核の傘国に役立つ安全保障条約」としての顔を重視する立場は核抑止肯定派であり、②ＮＰＴにとどまりつつも核抑止全面否定派の立場をより鮮明にしたのが、ＴＰＮＷ支持国である。その根本的な相違を反映する形で、ＴＰＮＷ支持国と反対国の立場は、二分状態に陥ることとなった。

ＮＰＴとＴＰＮＷをめぐる四つの選択肢

ＮＰＴとＴＰＮＷが並立し、かつ核兵器・核抑止をめぐる評価の相違で双方が相対立する構図となったいま、世界の国々はどのような選択をしていくのだろうか。NPTとTPNWのふたつの条約を軸に考えてみると、理屈のうえでは以下のような四つの選択肢に大別することができるだろう。

(1)NPTには賛成でTPNWには反対

「核保有国・核の傘国に役立つ安全保障条約」としてのNPTを重視し、核抑止の継続を是とする立場である。「公認」核保有五か国と、核保有国の核の傘のもとにいる非核保有国がこのグループに位置している。

(2)TPNWにもNPTにも賛成

このふたつの条約の両立をTPNWが想定していることもあり、現段階でTPNWに加入している諸国はこのグループに入っている。TPNW採択を支持した一二二か国のうち、半分余りしか批准《ひじゅん》していないが、批准していない国であっても採択賛成国はやはり、このグループに位置していると考えられる。

(3)TPNWには賛成でNPTには反対

現段階では明確にこの立場を表明している国はない。ただ、NPT第六条にもとづいた核軍縮交渉の展望が開けず、核不拡散の徹底もままならない状態に陥ると、TPNW

締約国・支持国のなかからNPT軽視路線に転じたり、NPTからの脱退を選択したりする国が現れかねない。

(4)TPNWにもNPTにも反対

NPTに背を向けて核実験・核武装したインドとパキスタン、NPT脱退宣言をして核実験・核武装した北朝鮮はTPNWも事実上、無視する姿勢を見せており、反対の立場をとっていると考えられる。NPTには入らずに、核実験実施も核武装宣言もしていないが、事実上の核武装国となっているイスラエルも同様に、TPNWにもNPTにも反対の立場であると考えられる。

こうした構図があるなかで、どのような「変化」が考えられるのだろうか。(1)グループの中核をなす「公認」核保有五か国は露骨にTPNWに反対しており、TPNWが影響力を増してくることを警戒している。ましてや、NPTへの冷めた目が強まる結果、(3)グループに入る諸国が拡大していくことを何としても防ぎたいところだろう。

同じ(1)グループに属する国のなかでも、核の傘国の間ではTPNWに対する姿勢は微妙に異なってくる。

たとえばドイツとノルウェーは北大西洋条約機構(NATO)の加盟国でありながら、TPN

Ｗ第一回締約国会議へのオブザーバー参加を表明し、ウクライナ危機が起きたあともその意思を変更することなく、実際にオブザーバー参加した。その背景には両国の総選挙で、ＴＰＮＷに一定の共感を持つリベラル系政党が第一党となって連立政権を樹立したことがある。すなわち、政権交代によってＴＰＮＷ支持色が強まりうることを実証した形となったのである。

締約国会議前の総選挙でやはり政権交代のあったオーストラリアも、オブザーバー参加した。早々にオブザーバー参加を表明していたスウェーデンとフィンランドは、ウクライナ危機発生後にＮＡＴＯ加盟を申請したが、申請後も参加意思を変更することなく、実際にオブザーバー参加した。このように米国の同盟国で、(1)グループのなかにいる国であっても、ＴＰＮＷに理解を示す国が複数存在するのが現実である。「公認」核保有五か国はこうした形で、(1)グループのなかでＴＰＮＷへの共感が広まることを強く警戒していると考えられる。

そのなかで、(1)グループにおける「公認」核保有五か国は、できるだけＴＰＮＷとの距離をおくことをグループ内の共通方針として維持していくことだろう。ただ、オブザーバー参加が相次いだように、核保有国と核の傘国が一枚岩であり続けることは容易ではないうえ、一枚岩を強引に継続しようとすればＴＰＮＷとの「分断」状態は一段と深刻になりかねない。

次に(2)グループに属するＴＰＮＷ支持派の基本戦略は、どうか。

現段階では、両立を想定していることから、ＮＰＴ内の非核保有国からのＴＰＮＷへの加入を増やしてＮＰＴ内での発言力、影響力を強め、ＮＰＴ第六条にもとづいて核軍縮交渉を進展させ、最終的には「公認」核保有五か国も含めてＴＰＮＷに加入して、核のない世界の実現に進んでいく――というシナリオを描いていることだろう。

しかしながら、「公認」核保有五か国が一枚岩を強引に継続して、ＴＰＮＷとの「分断」状態が固定化されるような事態になれば、異なる展開が現実になることも考えられる。すなわち、(２)グループに属するＴＰＮＷ支持派の基本戦略が崩れて、ＴＰＮＷには賛成だがＮＰＴには反対という(３)グループの立場にシフトする非核保有国が続出するような展開である。そうなれば、ふたつの条約の間の溝は一気に深まることは避けられないだろう。

そうした「分断」の深刻化で漁夫の利を得るのが、(４)グループに属する諸国だろう。これらの諸国、とくにインド、パキスタンはたびたび、ＮＰＴの不平等性を指摘してきた。核軍縮の停滞やウクライナ危機でのロシアの横暴でＮＰＴの不平等性はさらに鮮明になり、ＮＰＴ離れが進みかねない情勢となっていく。そのような方向へと現実に動いてしまえば、ＮＰＴを基軸に核軍縮・不拡散体制の強化を、との主張そのものに疑問符がつけられることだろう。

その流れに乗じるように、「やはり核兵器は持ったもの勝ち」といった風潮が強まり、(４)

グループの諸国を真似ようとして核武装準備に動く国が現れることも危惧される。(4)グループに属する諸国のNPT批判、核武装の正当化が説得力を強めるような悪循環に陥ってしまうと、きわめて危険な世界に足を踏み入れることになる。

ウィーン宣言

NPTとTPNWの相互関係はどうなるのか、NPTの未来はどうなるのか。不透明感に包まれるなかで起きたのがウクライナ危機である。そして、その危機が継続するなかで開催されたのがウィーンでのTPNW第一回締約国会議(二〇二二年六月二一―二三日)であり、ニューヨークでのNPT再検討会議(八月一―二六日)であった。

TPNW第一回締約国会議にはコロナによるパンデミックが続くなか、三四のオブザーバー国も含めた八〇以上の国・地域が出席し、当初の予想を上まわる数となった。ロシアによる侵略がもたらしたウクライナ危機で、一気に核戦争の脅威が高まったことへの危機感のあらわれとの見方が多かった。

グテーレス国連事務総長は開会式に向けたメッセージで、「われわれは、一握りの国が振りかざす核兵器が地球上のすべての生命を危機にさらすことを許すわけにはいかない」「核兵器がわれわれを排除する前に、この兵器を排除しよう」と呼びかけた。

会議の最終日には、「ウィーン宣言」とＴＰＮＷに関する行動計画が採択された。

ウィーン宣言は「核兵器の完全な廃絶を実現するという決意を再確認」したうえで、ＴＰＮＷを「基礎となる一歩」と改めて位置づけた。核兵器の人道上の影響については「壊滅的で対処することができない」との見方を示したあと、核兵器を「生命に対する権利の尊重とは相いれない」存在であると言い切った。また、「地球規模の破滅的な結果をもたらすリスクを前提」としていることから、核抑止論は「誤りだ」と強く批判しただけでなく、返す刀で核保有国やその同盟国に対して「真剣な対応を取っていないどころか、核兵器をより重視している」と厳しい言葉を投げかけた。

そして、ウィーン宣言の最終段落には、次のような一文が盛り込まれた。

「条約が掲げる核兵器廃絶という目的を実現するうえで、目前に立ちはだかる課題や障害を認識していないわけではない。それでも、楽観主義と決意を持って前進する。なぜなら、人類が破滅的な危機に直面し、その生存がかかっているときに、これしか方法がないのだから」

締約国会議は、核関連の専門家最大一五人による「科学諮問《しもん》グループ」や、核保有国が参加するＮＰＴとの協力分野を探る「非公式ファシリテーター」の制度を設けることを決めた。専門的な知見を取り入れながら、核軍縮・不拡散体制の礎《いしずえ》であるNPTとの相互補完性の確保をめざす方向を示したわけである。

全体として、NPT再検討会議を目前に控えていることから、NPTとの補完関係も意識しながら、徹底的な核保有国批判のみで締約国会議を終わらせる選択はしなかった。それによってNPT再検討会議で何らかの突破口が開けるかどうかは未知数であったが、「決戦」の場をニューヨークに選んだとも言えるような選択であった。

NPT再検討会議の頓挫

八月一日にスタートしたNPT再検討会議だが、ウクライナ危機のあおりなどをまともに受ける形になった。ロシア軍はウクライナ南部のザポリージャ原発を支配下に置いていたが、八月に入ってミサイル攻撃が激化し、施設の破壊や電源喪失などで大事故につながる危険が強く懸念されるようになった。さらには八月二日に米国連邦議会下院のナンシー・ペロシ議長(大統領継承順位二番目)が、台湾を訪問した。中国は激しく反発して台湾を取り囲むような大規模な演習を展開し、米国も周辺海域で大規模な軍事演習をおこなってけん制しあった。

そうした状況のなかで、NPT再検討会議は開幕した。それだけに当初から、①核保有国間の対立、さらには核保有国・核の傘国と非核保有国の間の対立で、最終文書を全会一致では採択できないまま閉幕するか、②仮に最終文書が全会一致で採択されても、四方八方に気配りした結果として、核軍縮をうながす力が乏しい内容になるのではないか、と懸念された。

二二日からの会議最終週になって、グスタボ・スラウビネン議長が作成した最終文書原案をもとに本格的な最終文書案の調整に入った。だが、議長による原案から、具体的な核軍縮の措置を核保有国にうながす表現は次々と削除、修正され、弱々しい文面へと姿を変えていった。ＴＰＮＷの発効を認識し、この条約の根底にある核兵器の非人道性も随所で確認されたが、ＮＰＴとＴＰＮＷの相互補完性を強調するＴＰＮＷ側の思いは、きちんと反映されなかった。

それでも最終文書案が作成され、コンセンサス採択目前にまで進んだが、結局はロシアの反対で採択は幻に終わった。初日に一般討論演説にたった岸田首相は「ＮＰＴは、軍縮・不拡散体制の礎石《そせき》」と強調したが、一般討論演説全体のなかで「ＮＰＴを国際的な核軍縮不拡散体制の礎石といった表現で評価するのは主に西側諸国に限られていた」(日本政府顧問として参加した西田充・長崎大学教授)。ウクライナ危機の激震を受けての異常事態のなかでのことだったとは言え、「礎石」はかつてないほどの「信頼性の危機」(credibility crisis)に直面している。

核抑止依存派と批判派の間の深い溝

これは懸念されたとおりと言うべきかもしれない。核抑止依存派と批判派の間の深い溝が誰の目にも鮮明に浮かび上がり、それを埋めるすべが見出せないまま、TPNW第一回締約国会議とNPT再検討会議は終了した。

今後、TPNWには賛成でNPTには反対へと傾く非核保有国が増えていって、(3)のグループの登場・拡大が現実のものになっていくのか。危険なことだが、(4)グループに属する諸国のNPT批判、核武装の正当化が説得力を増していくのか。まるで羅針盤の針が正確な方向を示すことができなくなったように、長らく続いたNPTを基盤とした核軍縮・不拡散体制の行方が危ぶまれる事態が、目の前に広がりつつある。

第二部 核抑止に潜む巨大リスク

ケネディ大統領(左)とマクナマラ国防長官(1962年10月29日。提供：Cecil Stoughton. White House Photographs. John F. Kennedy Presidential Library and Museum, Boston)

TPNW	核兵器禁止条約
CTBT	包括的核実験禁止条約
FMCT	兵器用核分裂性物質生産禁止条約
IRBM	中距離弾道ミサイル
SALT I 暫定協定	第一次戦略兵器制限暫定協定
SALT II 条約	第二次戦略兵器制限条約
ICBM	大陸間弾道ミサイル
NORAD	北米航空宇宙防衛司令部
INF	中距離核戦力
NATO	北大西洋条約機構
WTO	ワルシャワ条約機構
SDI	戦略防衛構想
PIAB	大統領情報活動諮問会議
CISA	サイバーセキュリティー・インフラストラクチャーセキュリティー局
NPR	核態勢見直し
ISR	情報収集・警戒監視・偵察
NC3	核兵器に関する指揮・統制・通信
USNDS	核爆発の発生位置を確認するシステム
MILSTAR	軍事戦略戦術中継衛星
AEHF	先進極高周波
ASAT	対衛星兵器

第3章　グローバル巨大リスク

「想定外」にしてはいけない

核抑止が失敗に終わった場合は、ほぼ一〇〇%の確率できわめて深刻な事態になるだろう。とりわけ、核抑止が崩壊して、大規模な核戦争に突入してしまった場合には、想像を絶するような巨大な被害となることは避けられない。

大規模な核戦争後の国際秩序がどうなっているかを見通すことはむずかしく、暴力が暴力を誘発する、およそ文明社会とは呼びがたいようなグローバルな乱世に直面することも考えられる。大量の核使用の結果、大気圏の状態にも悪影響がおよび、地球寒冷化という気候変動まで起きてしまえば、混乱に拍車がかかるだろう。そうなれば、人類が滅亡することはないと想定しても、人類が今ある姿、今のような文明社会を維持できるかどうかについても、明確な答えはないと言わざるをえない。

人類の行く末にかかわるようなグローバル巨大リスクは、大規模な核戦争に限らない。たとえば、未知の病原体がもたらす深刻なパンデミック、地球温暖化による海面上昇、恐竜絶滅にも関係したとされる小惑星の地球衝突による環境激変などである。

地球温暖化の進行を異常気象の続発などで実感し、新型コロナウイルスのパンデミック化で新たに出現する病原体の脅威を実体験し、ウクライナ危機で核戦争リスクの高まりがリアルに可視化された今、個々のグローバル巨大リスクを「想定外」として、真摯《しんし》な考察を先送りしていくことが、賢明な選択肢とはとても言いがたい状況になっている。

人間由来の、人類の存亡にかかわる脅威

時代の不透明感が増すなかで、こうしたグローバル巨大リスクをどのように考えればいいのだろうか。

今後もさまざまな研究が進められるだろうが、示唆《しさ》に富む指摘をしているのが、カナダ・トロント大学のネイサン・Ａ・シアーズ博士の分析である。シアーズ博士は人類に対する脅威を、①自然由来か、②人間由来か、③人類にとって壊滅的な脅威か、④人類の存亡にかかわる脅威か、の尺度から、四つのタイプに分類した。壊滅的か存亡にかかわる脅威かの区別については、

「最低でも近代文明の崩壊、最悪の場合は人類の絶滅を招くことが理論的に十分ありうるリスク」であるか否かを基準にするとしており、そうしたレベルのリスクであれば存亡にかかわる脅威と認定している。

その結果、表に示されているように、(大規模な)核戦争は人間由来であって存亡にかかわる脅威という分類に位置づけられた(なお私見では、パンデミック化する病原体はもともと自然界に存在するものだが、人間の生活圏に飛び出してきた原因は人間活動が拡大して自然界に奥深く立ち入ったからであり、存在は自然由来だが、原因は人間由来の側面があると言えるだろう)。

私たちは近年、海面上昇などを限定的なものに抑えるために地球温暖化対策に力を入れ、新型コロナウイルスのパンデミック化を契機に人間と新たに出現する病原体との関係について深く考えさせられた。ただ、シアーズ博士の分類に則ると、このふたつの脅威は壊滅的な脅威であり、人類の存亡にかかわる脅威ではない。他方で核戦争は、人間由来の人類の存亡にかかわる脅威であるにもかかわらず、地球温暖化やパンデミックほどにリアルな脅威として対応がなされていると

表　人類に対する脅威の分類

	壊滅的な脅威	存亡にかかわる脅威
自然由来	パンデミック	小惑星の衝突
人間由来	海面上昇	核戦争

出典：中村桂子「核兵器禁止条約と「すべての人類の安全保障」」『第三の核時代』を参考に作成.

は思えない状況である。

一九四五年以降に核戦争が起きておらず、起きる確率もかなり低いと思われがちなことから、リアルな脅威と受けとめられにくい面があると推察される。しかしながら、いったん起きれば人類の存亡の危機が待ち受けていることを忘れてはならない。人間由来のものとしては、最悪の脅威と常に認識しておくべきだろう。

核兵器禁止条約が示したこと

グローバル巨大リスクのひとつである核戦争のリスクは、国家の領域や国民を守ったり、主権侵害に対抗したりする伝統的な「国家安全保障」の枠では対応できないスケールのリスクである。核抑止が失敗して人類が存亡の危機に直面するような究極の事態にいたってしまえば、誰も責任を負いきれないほどの惨事が待ち受けているからである。

そうした巨視的な立場から、核兵器と人間の関係を考え直す動きはこれまでにもあった。核抑止論でがんじがらめになった伝統的「国家安全保障」にもとづいて安定や平和を模索するのではなく、脅威のスケールに見合う新たな安全保障観で対応していく必要があるとの問題提起が、長年にわたって少なからずなされてきた。

国際安全保障、環境の安全保障、人間の安全保障……数ある新たな安全保障観で、多国間条約のなかに明記されたものとしてとくに注目されるのが、核兵器禁止条約(TPNW)で示された「すべての人類の安全保障」(security of all humanity)という考え方である。TPNWは、核兵器の非人道性を重く見て核兵器の開発・製造・保有のほか、核兵器の使用、核兵器による威嚇も禁止した条約である。それと同時に、核兵器が人類の存続そのものを脅かす兵器であるため、「安全保障」を重視する観点からも核リスクを許容することはできないとの立場をとっている。

すなわち、TPNWの交渉過程における人道的なアプローチでは、安全保障の概念がより広くかつより深く解釈されるようになったのである。

第一に安全保障が守るべき範囲に関しては個々の国家だけではなく、国際社会全体の安全保障、人間の安全保障へと拡大していった。安全保障が対象とする課題領域に関しては、軍事的なものに限定されず、環境安全保障、経済的社会的安全保障など広範な安全保障が包摂《ほうせつ》されるようになっていった。安全保障に関する考え方が、まるでビッグバンのように一気に拡大されていったのである(黒澤満「核兵器禁止条約と核不拡散条約」)。

条約交渉プロセスにおける到達点は、「すべての人類の安全保障」という概念であった。人道面、安全保障面の双方から核兵器を全面的に禁止することが人類の現在・未来に資する「最適解《さいてきかい》」であるとの判断から、条約の精神を特徴づけるキーワードとなったのである。

「すべての人類の安全保障」

こうして誕生した「すべての人類の安全保障」は、条約の基本精神を謳《うた》った前文に以下のように盛り込まれている（外務省の暫定的な仮訳）。

核兵器が継続して存在することがもたらす危険に留意し、また、これらの危険が全ての人類の安全（保障）に関わること及び全ての国があらゆる核兵器の使用を防止するための責任を共有することを強調（後略）。

TPNW本文の条項のなかには、「すべての人類の安全保障」という言葉は出てこないが、個々の条項はすべて、前文の基本精神のもとに法的な拘束力を持つべき条文として記されたものであり、「すべての人類の安全保障」という概念を踏まえた内容であると言えるだろう。人間由来の、人類の存亡にかかわる最悪の脅威である核戦争を防ぐために編み出された安全保障観と言っても過言ではないだろう。

こうしてTPNWは「すべての人類の安全保障」を条約の基底概念に位置づけたわけだが、このような判断の前提となった「核兵器が継続して存在することがもたらす危険」とは、具体的にどのような「危険」を想定しているのだろうか。それを知る手がかりがやはり、条約の前文のなかに記されている。具体的には以下の文言である（外務省の暫定的な仮訳）。

核兵器の壊滅的な結末は、十分に対応することができず、国境を越え、人類の生存、環境、社会経済開発、世界経済、食糧安全保障並びに現在及び将来の世代の健康に重大な影響を及ぼし、及び電離放射線の結果によるものを含め女子に対し均衡を失《しっ》した影響を与えることを認識（後略）。

大事な点は第一に、「核兵器の壊滅的な結末」に着目している点である。核抑止が奏功《そうこう》して核不使用の記録が永続するといった期待は抱かず、むしろ、核抑止が崩壊して核戦争となり、「壊滅的な結末」に帰結する危険性を重視している。

いったん核戦争が起きてしまえば、私たちは「十分に対応することができ」ない状態に陥り、その悪影響は「国境を越え」て広がることは避けられない。その結果、「人類の生存、環境、社会経済開発、世界経済、食糧安全保障並びに現在及び将来の世代の健康に重大な影響」が及ぶことを懸念し、「〔エネルギーが大きく、ＤＮＡなどの生体高分子の電離や励起《れいき》によってがんや突然変異などを引き起こすことがある〕電離放射線の結果によるものを含め女子に対し均衡を失した影響を与える」との危惧も示している。まさに人間も、人間がつくった社会・経済システムも、さらに地球の環境もズタズタにしてしまう、「核兵器の壊滅的な結末」である。

核兵器の人道上の影響

このような、決して現実のものになってはならない結末を回避するために、ＴＰＮＷは「すべての人類の安全保障」という概念を採用し、核兵器全面禁止の国際条約化を達成したのである。その意味でＴＰＮＷは「すべての人類の安全保障」条約とも言うべき存在であるが、こうした基本認識に到達するまでに、じつは重要な助走があった。

その助走とは、ＴＰＮＷの交渉会議開始前に三回開催された「核兵器の人道上の影響に関する国際会議」である。

この国際会議の目的は、核戦争がもたらす非人道的な影響がどのようなものかについて事実やデータにもとづく理解を深め、それを広めていくことにあった。国や国連、国際機関の代表だけでなく、科学者や核問題専門家も含めた市民社会の人々が世界各地から参集して議論を展開した。二〇一三年三月にオスロで開催された第一回会議には一二七か国、二〇一四年二月にナジャリット（メキシコ）で開催された第二回会議には一四六か国、二〇一四年一二月にウィーンで開催された第三回会議には一五八か国が参加した。

非人道的な影響の「鳥瞰図」

第三回会議は過去二回の会議での議論も踏まえておこなわれ、最後に議長総括が発表された。このなかで、「人口密集地において核兵器爆発が起こった場合の人道救助の極端なまでの厳しさ」が強調されたほか、核兵器の非人道的な影響の「鳥瞰図《ちょうかんず》」が示された。少し長くなるが、主要な結論を抜き出すと以下のとおりである（外務省の仮訳を参考に作成）。

（1）核兵器の爆発の影響は（核攻撃された国の）国境内にとどまらず、地域規模にもおよび、さらには地球規模の損害を生じさせる。それは（爆発現場での）破壊と死にとどまらず、強制退去ならびに環境、気候、健康と福祉、社会経済開発および社会秩序に対して深刻で長期間の損害を引き起こして、人類の生存すらも脅威にさらすことがありうる。

(2)核兵器の爆発の非人道的な結末の範囲、規模および相互関係は壊滅的で、一般的に考えられているよりも複雑である。その影響は大規模であり、不可逆的になりうるものである。
(3)いかなる国家や国際機関も、人口密集地における核兵器の爆発によって生じる人道上の緊急事態または長期的な影響に適切な形で対処し、〔被害者に〕適切な援助を提供することはできない。
(4)核兵器が存在する限り、核兵器の爆発の可能性は残る。その蓋然性《がいぜんせい》が低いと考えられるとしても、核兵器が爆発したときの壊滅的な被害に鑑《かんが》みると、そのリスクは受け入れられない。人的な誤りおよびサイバー攻撃に対する核戦争の指揮命令系統ネットワークの脆弱性《ぜいじゃくせい》、ならびに核兵器の高度警戒態勢、前方展開〔同盟国やその周辺への非戦略核の配備や移動〕および近代化の継続による、事故、過誤、権限の欠如または意図にもとづく核兵器使用のリスクは明白である。また、これらのリスクは時間とともに増加する。非国家主体、とくにテロリスト集団が核兵器とその関連物資にアクセスできる危険性は依然として存在する。
(5)国際紛争および〔国際関係の〕緊張や、核兵器を保有する国の現状の安全保障ドクトリン

〔基本政策〕に鑑みると、核兵器が使用されうる多くの状況が存在する。核抑止力には核戦争の準備がともなうので、核兵器が使用されるリスクは現実のものである。核兵器の役割を抑止に限定することは、その使用の可能性を取り除くわけではないし、核兵器が偶発的に使用されるリスクに対処するわけでもない。核兵器の爆発のリスクに対する唯一の保証は核を完全に廃絶することである。

(6)核兵器の保有・移転・生産・使用を普遍的に禁止する包括的な法規範が存在しないことは明確である。この二年間の議論で核兵器の非人道性に関する新たな証拠が示された。それは、核兵器が国際人道法に合致する形で使用されうるという点に疑問を投げかける。

破滅リスクと常に隣り合わせ

全体として、核戦争が現実になった場合の途方もなく凄惨な結末と、それがいつ起きるともしれないリスクが私たちの日常に潜んでいる現実をつづっている。核兵器が存在し、核抑止に依存する安全保障政策が幅を利かすこの世界というのは、破滅のリスクと常に隣り合わせの状態の世界であり、ある日突然、核戦争後の別世界へ私たちを突き落としかねない世界であることがよくわかる。

「核兵器の保有・移転・生産・使用を普遍的に禁止する包括的な法規範が存在しない」現実を深刻に受けとめ、「核兵器の爆発のリスクに対する唯一の保証は核を完全に廃絶することである」との見解が記されているように、三回の「核兵器の人道上の影響に関する国際会議」がTPNW締結への基盤構築の役割を果たしたことは間違いのないところである。

それと同時に「すべての人類の安全保障」という文言こそ、議長総括には使われていないが、「核兵器の爆発の非人道的な結末の範囲、規模および相互関係は壊滅的で、一般的に考えられているよりも複雑である。その影響は大規模であり、不可逆的になりうるものである」などの表現にあらわされているように、「すべての人類の安全保障」という概念を構築していく多くの要素が盛り込まれている。

賽は投げられた

さて、「核兵器の人道上の影響に関する国際会議」には、核保有国やその同盟国（日本を含む）も参加していた。そのためか、核リスクへの対応策が一気に核兵器禁止へと進むことに慎重な意見も出された。結果として議長総括には、以下のような内容も盛り込まれた（外務省の仮訳）。

一定数の代表団は、とりわけ包括的核実験禁止条約（ＣＴＢＴ）や兵器用核分裂性物質生産禁止条約（ＦＭＣＴ）の発効に言及しつつ、ステップ・バイ・ステップ・アプローチ（段階的アプローチ）が核軍縮を達成する上で最も有効かつ実践的な方法であると主張した。これらの代表団は、核兵器や核軍縮を議論するにあたっては、地球規模の安全保障環境について考慮される必要があるとも指摘した。この関連で、核兵器のない世界を支持するため、短期・中期的に考慮されるべき一国間（一国のみ）、二国間、複数国間、多数国間による様々なブロック積み上げ（building blocks）の取組を促進した。

これは約《つづ》めて言えば、①「地球規模の安全保障環境」を考えると、安全保障政策として核抑止が引き続き必要なのが現実であり、「核兵器のない世界」をめざすにしても核保有国も加わるような条約や国際合意が重要である、②その意味で、一気に核兵器禁止条約づくりに進むのではなく、「ステップ・バイ・ステップ・アプローチが核軍縮を達成する上で最も有効かつ実践的な方法」である、との考え方だ。

核保有国やその同盟国も、核兵器が巨大なリスクをともなう兵器であるとの基本認識は多かれ少なかれ共有していると考えられるが、核軍縮の進め方、核廃絶への方法論において大きな開きがあるということが、改めて鮮明になった形である。

他方で、議長総括によると、「大多数の代表団は、核兵器の最終的な廃絶は、核兵器禁止条約を含め、合意された法的枠組みの中で追求されるべきことを強調した」。ここで言う「大多数の代表団」は、核抑止に依存していない非核保有国であり、数多くの市民社会の代表たちだ。

こうして、賽《さい》は投げられた。国連総会決議にもとづいて核兵器を全面禁止する条約の交渉が開始され、人間由来の人類の存亡にかかわる脅威である核戦争のリスクから人類を解放するための多国間条約であるＴＰＮＷが締結される運びとなったのである。気候変動防止にかかわる多国間条約・合意に次いで、グローバル巨大リスクへの対応に向けた大きな前進となった。

第4章　常在する偶発的な核戦争のリスク

前の章で記したように、人間由来の最悪の脅威はまぎれもなく核戦争、とくに大規模な核戦争である。それを防ぐという名目で、破滅も辞さない威嚇で平和維持をはかるという瀬戸際の戦略が核抑止である。

倒錯した世界に放りだされたような思いを禁じ得ない。しかし紛れもない現実であるこの核抑止を、どう考えればいいのか――。

この点を突き詰めていくには、核抑止「効果」と背中合わせの核戦争のリスクを直視し、それを安全保障政策のなかでどう評価し、どう対応策を位置づけていくかという課題を避けて通れないだろう。本書がめざす核抑止解体にとって、欠かせない作業でもある。

核戦争のリスクは、さまざまな形で存在する。そのなかでも冷戦期から現在にいたるまで、核抑止にとって深刻な問題であり続けているのが、意図しない核戦争、すなわち偶発的な核戦争のリスクである。この重い課題を考えていくうえで有力なアプローチとなるのが、歴史的に見て核抑止政策がどのような実際の偶発的な核戦争リスクに直面してきたのかを振り返り、そのうえで考えを深める方法だろう。

そこで本章では、これまでに起きた五つの偶発的な核戦争危機の概要を振り返ってみる。五つのうち四つが冷戦期のものだが、一つは冷戦後の発生事例となっている。

世界が震撼したキューバ危機（一九六二年）

第一の事例は一九六二年一〇月に起きた「キューバ危機」で、世界がもっとも全面核戦争に近づいたときと言えるだろう。

キューバ危機のきっかけは、ソ連がカリブ海の島国、キューバに中距離弾道ミサイル（ＩＲＢＭ）基地を建設し始めたことだった。キューバにはすでに左派で反米のフィデル・カストロ政権が誕生していた。そこにソ連の核が配備されると、米国北西部のごく一部を除いて米国本土のほぼ全域を射程におさめることになる。

当時のケネディ政権は、米国の「裏庭」であるカリブ海のキューバへのＩＲＢＭ配備を米国にとっての重大な脅威とみて、ソ連にミサイル撤去と基地閉鎖を求めた。ケネディ政権はさらに、海上封鎖という強硬手段をとってソ連船のキューバへの入港を阻止し、ＩＲＢＭの追加配備を抑える作戦に乗り出した。これに対してキューバは臨戦態勢に入り、米国側もキューバから攻撃があった場合にはソ連による攻撃とみなして報復する姿勢を示した。

米国の要求にもかかわらず、ソ連がＩＲＢＭの撤去に応じない場合はどうするか。ケネディ政権は外交圧力をかけながら、複数のルートを通じてソ連に譲歩を迫るとともに、ソ連が譲歩しない場合には米軍による空爆や上陸作戦などでＩＲＢＭ基地を破壊する計画の準備も進めた。

極限近くにまで緊張感が高まるなか、米ソの秘密交渉で事態は落ち着き、キューバのＩＲＢＭ基地は解体された。世界はこのとき、核戦争の危機を潜り抜け、その「成功物語」は米ソ間の核抑止が機能した結果だと強調されることも少なくなかった。ソ連がＩＲＢＭ撤去に応じたのは、米国の核による脅しが奏功した結果だとの評価である。

しかし実際には、キューバ危機は、当時の国防長官だったロバート・マクナマラ氏をはじめとするケネディ政権の核政策関係者たちに大きな教訓を残した。キューバ危機に関する冷戦後の歴史検証の結果、核抑止だけが、核戦争へとエスカレートすることを防いだ要因だったのかどうかについて、大いに議論の余地があることが明らかになってきたのである。

たとえば――米国はキューバ危機の際、空爆によってＩＲＢＭ基地を破壊する作戦を具体的に検討したが、その段階ではキューバに核弾頭がまだ配備されていないという想定だった。だが実際にはすでに核弾頭を搭載した短距離ミサイル(戦術核)が配備されており、米国の南部を射程内におさめていた。仮に米国が空爆を強行していれば、キューバとソ連がこの短距離ミサイルで米軍などに核攻撃してきた可能性もあったわけだが、その危険性があったことを米国が知ったのはキューバ危機から約三〇年がたってからのことであった。

「元戦略軍司令官ジョージ・リー・バトラーはこう記す。「キューバ・ミサイル危機を包み込んだ恐怖と混乱と誤報の霧(視界不良)によって、いつ核による全滅につながってもおかしくはなかった。凍りつくような事実とは、米国の決定権者たちが当時もずっと後までも、すでにソ連が一〇〇発ほどの核弾頭を島に持ち込んでいたことを知らなかったことだ。核抑止の華麗なる理論が疑問だらけであることについて、それ以上の説明はいらない」」(ウィリアム・ペリー他『核のボタン』)。

さらにはキューバ危機の最中に、ソ連潜水艦が、米国の脅しに対抗する形で核魚雷を発射しかねない状況に陥っていたこともわかった。当時のソ連では、首都への核攻撃などでモスクワの軍指導部との通信が途絶えた状況になれば、潜水艦の幹部会合のコンセンサス(全会一致)によって現場判断で核使用の決定が認められていた。

キューバ危機の最中に、キューバ周辺を海中移動していたソ連潜水艦を発見した米国海軍は、浮上するように要求した。このとき、このソ連潜水艦は通信状況の悪化で軍指導部との連絡が途絶えてしまっていたことから、米軍の要請に応じて海上に浮上するか、現場の判断で核魚雷を発射するのかの選択を迫られていた。潜水艦内の幹部会合では核魚雷発射論と反対論に意見が割れたが、結果的には米国の要請に従って浮上する決断にいたり、実際に海面に浮上した。

こうした潜水艦内での出来事も冷戦後の研究で明らかになった点であり、キューバ危機当時は米国政権の知るところではなかった。

ソ連の戦術核の存在や、潜水艦での発射決定ルールも知らないまま、ケネディ政権がキューバにあったＩＲＢＭ基地の破壊作戦に乗り出していたらどうなっていたか。それでも核抑止で、米ソの核戦争は防げたと言い切れるだろうか。キューバ危機はとても、米ソ間の核抑止が機能した「成功物語」とは言えないのではないか。そんな疑問が渦巻くようになった。

換言すると、キューバ危機において米国は知らないうちに核戦争リスクの高い状態にはまり込んでいたのであり、核抑止が機能しない形で核戦争が始まる危険に直面していたのである。

こうしたことも踏まえて、マクナマラ氏は後年、キューバ危機で核戦争を回避できたのは「幸運」によるところが大きかったと回想している。米国、ソ連の指導者は危機の発生後は賢明に判断し、衝突の危険を低める行動をとったものの、破滅をもたらす核戦争にいたるまでにその危機を回避できたのは、緻密《ちみつ》な計算の産物というよりはむしろ、「幸運」によるところが大きかったとの、危機対応の現場にいた人間としての正直で率直な評価と考えられる。

機械の誤作動が、米国大統領補佐官に破滅を覚悟させた(一九八〇年)

冷戦期に米国で起きた核戦争のニアミスとしてよく知られるのは、ジミー・カーター大統領の時代の一九八〇年六月に起きたものである。

ズビグニュー・ブレジンスキー大統領補佐官(国家安全保障問題担当)に「ソ連からミサイル飛来」の緊急情報が入り、ブレジンスキー補佐官はカーター大統領に電話して米国は報復するしかないと告げる決心をした。だが、幸いなことに、実際に電話をかける直前に「誤報」と判明して、最悪の事態に転げ落ちずにすんだ。

その当時の米ソ関係はどのようなものだったか――。

一九七〇年代前半には米ソのデタント(緊張緩和)が新たな潮流となり、一九七二年に米ソ初の二国間核軍備管理条約である第一次戦略兵器制限暫定協定(SALTI暫定協定)に合意したのは、その象徴のような出来事だった。一九七七年に就任したカーター大統領も核軍備管理に力を入れ、一九七九年に第二次戦略兵器制限条約(SALTⅡ条約)の合意にこぎつけた。

だが、一九七〇年代後半になると地域紛争などをめぐって、しだいに米ソ関係の悪化の度合いが強まり、デタントは色あせていった。

保守派からはSALTⅡへの激しい批判も飛び交った。たとえば、米国が核先制攻撃能力を有する核ミサイルだと警戒していたソ連のSS18型大陸間弾道ミサイル(ICBM)をどこまで規制できるかが大きな焦点だったが、米国連邦議会内では、SALTⅡの規制ではソ連が優位であることを温存するとの反発が強かった。その結果、デタントの所産だったSALT体制そのものにも黄信号がともるようになっていた。

核超大国間の関係が悪化するなかで、ソ連軍一〇万の大部隊が一九七九年一二月、アフガニスタンに侵攻した。不安定化したアフガニスタンの共産主義政権の維持が目的であったが、国際社会の内政不干渉の原則を踏みにじる行為だった。

これによって対ソ不信が一段と拡大し、米国やその同盟国は一九八〇年夏のモスクワ五輪のボイコット(不参加)を次々と発表した。そしてカーター大統領は、米国連邦議会上院でのSALTⅡの批准承認を断念せざるを得なくなった。

そうした時代背景のもとで起きたのが、一九八〇年六月の「誤報」事件だった。

その当時から米国もソ連も、警報下発射態勢と呼ばれるような「いつでも短時間のうちに戦略核兵器を発射できる二四時間態勢」をとっていた。相手の奇襲攻撃を探知・確認できれば、相手の戦略核兵器(主としてICBM)がこちらに着弾する前に、報復攻撃をかけるというシナリオにもとづいていた。

米東部時間でその日の午前三時に、自宅で就寝していたブレジンスキー補佐官に緊急の電話が入った。受話器の向こうは軍事顧問のウィリアム・オドム氏だった。北米航空宇宙防衛司令部(NORAD)が探知した情報として、ソ連の潜水艦が二二〇発のミサイルを米国に向けて発射したと伝えてきた。ソ連のアフガニスタン侵攻が始まり米ソ間の緊張が続く状況だったので、その情報が本当であっても不思議ではなかった。

ソ連の核先制攻撃に対して大統領が核報復を決断する時間は、ソ連の核ミサイル発射後、三—七分しかなかった。時間に余裕はないがブレジンスキー補佐官は、大統領に連絡する前にさらなる情報が必要と考えて、オドム氏に、ソ連の発射が事実か、攻撃目標はどこかを確認して電話をするよう求めた。また、米国がいつでも報復攻撃できるように、空軍に核搭載の戦略爆撃機を発進させるよう指示した。オドム氏が電話をかけ直してきたときの情報は、さらに驚愕《きょうがく》すべき内容だった。ソ連は二二〇〇発ものミサイルを発射した、との報告だった。

その数になれば全面的な核攻撃で、ブレジンスキー補佐官が大統領に核報復を進言して、それが実行されたとしても米国は全滅状態に直面するだろう。三〇分以内にみんな死んでしまうだろうと考え、妻を起こさないことにしたという。

意を決してブレジンスキー補佐官が大統領に電話をかけようとしたとき、オドム氏から三度目の電話が入った。別の警報システムは攻撃を報告していないとのことだった。やがて、二二〇発のミサイル発射も二二〇〇発のミサイル発射も「誤警報」であることが確認された。ソ連の核攻撃に備えた訓練用の指令が誤ってＮＯＲＡＤのコンピューターで動きだし、「誤警報」が発せられたのだった(Robert M. Gates, *From the Shadows*)。

一九八〇年にはじつはもうひとつ、危険な事態が進行していた。六月の「誤警報」事例だけでなく、米国ではほかにも「誤警報」で肝を冷やす事例が相次いでいた。それそのものも由々しきことだが、さらに危険を重ねていたのは、「誤警報」続きに対するソ連の誤解に満ちた反応である。

ソ連はこの時期の米国での一連の「誤警報」騒動を、どこまで正確であったかは別にして、ある程度、諜報《ちょうほう》活動を通じて察知していた。そして、何とか「誤警報」に安全に対応した米国の動きが、ソ連側ではこう解釈されていた。米国は核使用には非常に注意深い行動をとるとの対応を示しておくことでソ連を安心させ、そのすきをついて核戦争をしかけてくるねらいかもしれない（ペリー他『核のボタン』）。

実際には米国にはそうした意図はなかったようだが、ソ連のアフガニスタン侵攻のあとに相互不信、疑心暗鬼を強めていた米ソだけに、小さな軍事衝突などを引き金に核戦争のリスクが一気に高まる温床が、そこにはあったと考えられる。

システムエラーによるソ連核報復の危機（一九八三年）

次にとりあげるのは、機器の誤作動によって核戦争危機が一気に高まった一九八三年九月の事例だ。米国の核ミサイル攻撃を探知するソ連の早期警戒システムが誤作動して、米国からの核ミサイル攻撃が始まったことを示すデータを表示し、米ソの全面核戦争に拡大しかねない事態となった危険なケースである。

まずは時代背景を説明しておきたい。

冷戦時代にはいくつも緊張感が高まった時期があったが、一九八三年は冷戦期を代表する危機のピーク時のひとつと言われている。大きな要因は高齢・病弱のソ連指導者が続いて、ソ連政府の安定性に大きな疑問符がつけられていたことだった。一八年間にわたってソ連トップの共産党書記長などをつとめたレオニード・ブレジネフ氏が一九八二年一一月に死去したのを受けて、ユーリ・アンドロポフ氏が後継の共産党書記長に就任したが、持病が悪化して強力な指導力を発揮できない状態となった（一九八四年二月に死去）。

一方で欧州への中距離核戦力（ＩＮＦ）配備（陸上配備型）をめぐって、米国が率いる北大西洋条約機構（ＮＡＴＯ）とソ連主導のワルシャワ条約機構（ＷＴＯ）の対立が先鋭化していた。

ソ連が一九七〇年代後半に先にＩＮＦをＷＴＯ内に配備したのを受けて、ＮＡＴＯは一九七九年一二月の首脳会談で、①一九八三年一二月までＩＮＦ撤廃をめざす核軍備管理交渉を進める、②この期限までにＩＮＦ撤廃交渉が妥結しない場合はＮＡＴＯもＩＮＦ配備を開始する、という「二重決定」をした。交渉は紆余曲折《うよきょくせつ》の経過をたどり、大きく進展したかに見えたタイミングもあったが、結局は膠着《こうちゃく》状態に陥った。ブレジネフ氏死去、アンドロポフ政権の機能低下などが加わって、一九八三年半ばには交渉は暗礁《あんしょう》に乗り上げてしまった。その結果、ＮＡＴＯによるＩＮＦ配備、それに触発された東西間の緊張感の高まりへと時代が動いていった。

緊張を一段と高めた要因として忘れてはならないのが、一九八三年三月に米国のロナルド・レーガン大統領がおこなったふたつの演説である。

レーガン大統領は、一九八五年三月にミハイル・ゴルバチョフ氏がソ連共産党書記長に就任するまでは、「軍縮の大統領」というよりはむしろ、「軍拡の大統領」の色彩が濃かった。もともと通常戦力で欧州よりも優位にあったソ連が核戦力でも米国を凌駕《りょうが》するパワーをつけてきており、当時の米国では、ソ連に軍縮を決断させるためにも米国が軍拡を進める必要があるとの姿勢が前面に押し出されていた時期であった。

そうしたなかでレーガン大統領は三月八日の演説で、ソ連を「悪の帝国」と呼んで、ソ連から猛反発をされる事態になった。

さらに三月二三日の演説で、ソ連の核増強への対抗手段として戦略防衛構想（SDI）を発表した。これはソ連から飛んでくる弾道ミサイルを撃ち落とす防衛網を陸、海、空、宇宙に張りめぐらせるための研究開発計画であり、その手段をすでに持っていて配備するという計画ではなく、将来的にそうした手段を手にしたいとの願望にもとづく研究開発構想だった。これには米国内でも、「宇宙を戦場化する「スターウォーズ計画」」といった批判が相次いだが、SDIが実現すればソ連の抑止力が大きく損なわれると危惧したソ連指導部も強く反発した。

一九八三年の緊張の高まりが凝縮されたような大事件が起きたのは、九月一日のことだった。ソ連領内に入った大韓航空機がソ連軍機に撃墜され、約二七〇名の乗客乗員が亡くなったのである。領空侵犯の理由は大韓航空機の機器の操作ミスが原因との説が有力だが、ソ連軍機は大韓航空機が警告に応じないで領空侵犯を続けたと判断して、撃墜してしまった。

この大事件は西側に衝撃を与え、「ソ連はとんでもない国だ、何でもしてくる国」という警戒感が強まった。この大事件がNATO内のINF配備論を勢いづかせることにもつながり、西側でのそうした反応がソ連側の警戒心を増大させるという悪循環が強く懸念される事態に陥っていた。

そして九月二六日、一九八三年の最初の核戦争危機が到来した。米国のICBMの発射をいち早く探知するソ連の早期警戒衛星が、ICBMが飛来しているというシグナルを送ってきた。ソ連軍の規則では、米国のICBMの発射のシグナルが出たら、早期警戒衛星からのシグナルを受け取る地上基地の担当官はただちに上官に知らせなければならない。最終的にはソ連共産党書記長にまで情報が伝達されて、最高首脳による対応の判断が示される仕組みになっていた。

ソ連の早期警戒衛星が米国ICBMの飛来を示すシグナルを送ってきた日の夜、当直で勤務していたのはスタニスラフ・ペトロフ中佐だった。最初に彼が見たシグナルでは一基のICBMが発射されたことを示していた。ほどなく、飛来するICBMは合計で五基となった。ペトロフ中佐はもちろん、ソ連軍のルールを熟知しており、そうしたシグナルを確認したときには上官にすばやく知らせるのが自分の職務とも理解していた。だが、彼は同時に、きわめて冷静沈着な軍人でもあった。米国がＩＣＢＭで核先制攻撃をしかけてくるときは、一斉攻撃で何百発も撃ってくるはずである。五発などという少数のＩＣＢＭによる核先制攻撃などありえないことで、早期警戒衛星から送られてきたシグナルは実際のＩＣＢＭ攻撃をとらえたのではなく、システムの誤作動ではないかと、彼は自分で判断をするにいたった。

ペトロフ中佐は上官に報告しないまま、時間が過ぎるのを待った。このような自己判断は規則違反であり、大変な決断だったことだろう。やがて、ＩＣＢＭの着弾想定時刻が過ぎた。ソ連では一発の着弾情報も報告されず、結局は、誤作動だとわかって、事なきを得た。

なぜ、誤ったシグナルを地上の基地に送ってきたのか。その後の調査で、雲の端で反射した日光をソ連の早期警戒衛星が米国のミサイル発射の光だと誤判断していたことがわかった。ソ連の早期警戒システムは誤警報の確率を最小限に抑える工夫をしてはいたが、その夜は早期警戒衛星と太陽の反射光と米国のミサイル基地が偶然にも一直線に並んでしまった結果、誤ったシグナルを送ってしまったのである（ペリー他『核のボタン』）。

もしペトロフ中佐が規則どおりに上官に知らせていたら、一九八三年の緊張したタイミングだっただけに何が起きていたことか。この一件は、冷戦終結後にペトロフ氏が詳しく語り、本としても出版された。米国などでは、「世界を救った男」として英雄視されることにもなったが、彼はまさに、機器誤作動による核戦争のリスクが存在することをリアルに世界へ発信した功労者であった。

誤解にもとづいてソ連が核の臨戦態勢へ（一九八三年）

一九八三年の次の核戦争危機は、ＮＡＴＯの軍事演習が直接の発端だった。前に述べた早期警戒システムの誤作動から一か月半ほどたった一九八三年一一月七日からの五日間、ＮＡＴＯは核戦争を想定した軍事演習をおこなった。「エイブル・アーチャー83」と呼ばれる軍事演習で、ＮＡＴＯの西欧同盟国の全域にわたっておこなわれ、一一月二三日にはＮＡＴＯ側がＩＮＦ配備を開始する予定になっていた。

細々と続いていた米ソ間の軍備管理交渉は決裂し、軍備管理は冬の時代に突入していた。悪化した安全保障環境のもと、ＩＮＦ配備がＮＡＴＯ内で始まることを踏まえ、ソ連との紛争が核戦争にエスカレートした場合を想定してＮＡＴＯ軍の訓練をおこなったのである。

このＮＡＴＯ軍の訓練が、思わぬ核戦争危機を招くこととなった。当時、西側に潜入していたソ連のスパイが、核戦争を想定した軍事演習を装った実際の核戦争計画の準備と考えられると本国に伝えてしまったのである。

その結果、ソ連軍は、「エイブル・アーチャー83」開始当初から厳戒態勢を敷くこととなった。そして核兵器を装備した陸軍や空軍の部隊に、命令が出れば短時間のうちに核攻撃できるように高度な戦闘準備態勢をとらせていた。だが当時、NATO側はソ連がきわめて危険な誤解をしていることを十分には把握していなかった。

双方とも危機に実際に気づかないまま時間がたつなかで、最悪の事態に転げ落ちていくのを防いだ立役者が、「エイブル・アーチャー83」軍事演習の幹部だった米空軍のレナード・ペルーツ中将（のちに国防情報局長官）だった。

軍事演習を進めていたある日のこと、ペルーツ中将は、ソ連軍が警戒態勢のレベルを上げているとの情報を米国の諜報機関がつかんでいることを知らされた。そこでペルーツ中将が、ソ連軍は「通常ではない行動」をとっていると米空軍の上官に知らせたところ、米空軍も「(軍事演習ではなく)実際に警戒態勢を強めるべきか」と問われた。ソ連がNATOの意図を誤解して警戒態勢を強めている状況で、米軍もリアルに警戒態勢のレベルを上げてしまえば、ソ連はNATOの演習はやはり偽装に過ぎず、本当は核先制攻撃をしかけてくるのがねらいだと、さらなる誤認をする恐れがあった。そうした形でソ連の猜疑心が強まれば、NATO側に核先制攻撃をしかけてくるリスクさえあった。

限られた情報をもとに判断するしかなかったが、ペルーツ中将は英断に踏み切った。警戒態勢を強めるのではなく、「注意深く状況を見極める」のが得策と進言したのである。この進言が受け入れられ、一気に米ソ間の緊張が高まるような事態は回避された。やがてソ連内でも、NATOの動きはあくまで軍事演習であるとの判断が下されて、事なきを得るにいたった。

仮に、ペルーツ中将が警戒態勢を強めることを推していたらどうなっていたか。歴史に「もし」はないと言われるが、「エイブル・アーチャー83」と核戦争リスクとの関連を調査した米国の大統領情報活動諮問会議（PIAB）報告書（一九九〇年）は、「エイブル・アーチャー83」に対するソ連とWTOの反応は前例のないもので、「われわれは一九八三年、うっかりソ連との関係を核戦争の一歩手前まで追い込んでしまっていたのかもしれない」と結論づけた。また、ペルーツ中将と彼の周辺による「緊張を高めない」との判断について同報告書は、「必要な情報にもとづくガイダンスに沿っておこなわれたものではなかったが、直観にもとづいた適切な行動」だったと評価した（National Security Archive, Able Archer War Scare “Potentially Disastrous”）。

ロバート・ゲーツ元米国中央情報局（CIA）長官は回想録に、「エイブル・アーチャー83が実施された一九八三年一一月の時点でソ連は、NATOの攻撃が差し迫っているとまでは思っていなかったかもしれないが、状況が非常に危険であることは認識していたとみられる。米国の諜報機関は、彼らの不安の度合いを正確に把握していなかった」と記している(Gates, *From the Shadows*)。

「エイブル・アーチャー83」と核戦争が生じるリスクの評価は、今も重要な歴史研究のテーマである。ただ、ひとつ間違えば意図せぬ核戦争につながりかねない重要な教訓のひとつとして、あの軍事演習に関するエピソードは後世に語り継がれている。

科学実験ロケットを核攻撃と誤解して報復準備に動いたロシア(一九九五年)

冷戦終結は、核のある世界を大幅に軌道修正して、大胆な核軍縮や思い切った核戦争のリスク削減策に打って出る好機だったことだろう。しかしながら核軍縮は多くの非核保有国の期待どおりには進まず、核戦争のリスクも低くなったとは言いがたい状況が継続している。そして冷戦後も、予期せぬ核戦争のリスクが突然、一気に高まるケースが複数確認されている。

冷戦後の事例のひとつは、ロシアで起きた。一九九五年一月に、ノルウェー沖から打ち上げられたオーロラを調べる気象観測ロケットを、ロシア軍が数分間にわたって核攻撃と誤解する一幕があったのである。

NATOの一員でもあるノルウェーは、軍事目的ではなく科学的調査でオーロラを調べるために、気象観測機器を搭載したロケットを自国沖合の島から打ち上げた。ノルウェー・米国共同の観測ロケットだった。ノルウェー側は国際ルールに従って、事前にこのロケット打ち上げをロシア側に伝えていた。ところが、ロシア外務省を経て国防省や海軍の参謀本部に伝えられていくうちに、情報が徹底されなくなってしまった。その結果、ロシア軍の早期警戒レーダー基地にはロケット発射の予定が知らされなかった。

ロケット打ち上げは、モスクワ時間で一九九五年一月二五日午前六時二四分だった。同二五分にはロシア軍の早期警戒レーダーが「異常信号」を探知した。事前に知らされていないうえ、このロケットが通常より大型だったことから、軍事用のミサイル発射の可能性があると判断され、発射探知情報がモスクワの国防省参謀本部中央司令所に伝達された。先の一九八三年の事例ではペトロフ中佐の英断で探知情報は軍の上層部には伝えられなかったが、一九九五年のこのケースでは規則どおりに即時に伝達されていった。

緊急情報を受けたソ連政府の中枢部は、このロケット打ち上げを、米国による潜水艦発射型の核ミサイルの可能性があると判断した。そして核兵器での報復攻撃決定に備えて、ボリス・エリツィン大統領が発射命令を出す際に必要な「核ボタン」(小型ブリーフケース)をすぐに使えるように用意した。早朝だったことから、エリツィン大統領は特別回線を使って国防相らと緊急協議する事態となった。

発射から八分後の午前六時三二分、ロシア軍はその後のデータ分析の結果、「ロケットは無害」と結論づけた。ロケットが北極方面に向かっていて、ロシア方面には向いておらず、明らかに核攻撃用の弾道ミサイルとは異なる軌道だったのである。この結論を得て、ミサイル発射は「誤認」であることが確認され、核戦争が勃発する事態は回避された。大統領が被弾の前に報復攻撃するかどうかを決断しなければならない時点(発射から一〇分後)の二分前のことであった(一九九八年四月一〇日付、朝日新聞朝刊)。

結局は、タイムリミットの前に誤った核報復攻撃を回避できたのだから、過誤にもとづく核戦争を防ぐ安全システムがうまく作用したとの見方もあるだろう。ただ、もしも、ミサイル発射は「誤認」との確認作業が遅れていたら、どうなっていただろうか。あるいは、タイミング悪くあの瞬間にシステムエラーが発生して、「誤認」のまま時間がたってしまっていたら、どのような展開になっていただろうか。

一九九五年のこの事例は、安全システムの成功物語ではなく、警報下発射態勢をとり続けることの危うさを裏づける教訓として記憶されるべきだろう。

「誤解ゼロ、誤警報ゼロ」は夢物語

この章で例示したいずれの核戦争危機も、大きな教訓を現在に残している。

かつては「核抑止が機能した代表例」と評されていたキューバ危機だが、冷戦後の歴史研究で、あのときはまさに、「幸運」にも恵まれて間一髪のギリギリのところで核戦争が回避されていたことが明らかになった。ソ連が大胆不敵な核配備・核使用計画を展開していたことや、それをキャッチしていなかった米国側の情報不足や認識不足が主な要因だが、ひとつ間違えば取り返しのつかない事態に、核戦争危機に直面した当事国や世界全体を追い込むリスクが高いことを、六〇年後の私たちに教えている。

システムエラー(機械の誤作動)やヒューマンエラー(人間のミス)による「誤警報」で核戦争のリスクが一気に高まったのが、一九八〇年、一九八三年九月、一九九五年の事例である。それぞれの時点でシステムの安全管理がおこなわれていたと考えられるが、それでもときには機械も人間も危険な「誤警報」を発する原因となりうる。核抑止のもとでは、「誤警報」による意図しない核戦争などあってはならないことであるが、一〇〇%の確率で「誤警報」をなくすことは不可能に近いことだろう。

この三つの事例とも、瀬戸際に立たされた段階での現場の人間の状況判断や情報分析の結果、意図しない核戦争は回避された。しかしながら、人間の対応力で「誤警報」には必ず対処できて、核戦争を防ぎ切れるという保証など、どこにも存在しない。

相手に対する「誤解」に大きなリスクが潜んでいたのが、NATOの軍事演習「エイブル・アーチャー83」をリアルな核戦争準備と誤解してソ連が高度に警戒した一九八三年一一月の事例である。一九八〇年に相次いだ「誤警報」への米国の対応が、当時の米国政府が想像もしなかった誤解を招いたことも、大きなリスクが常在していることの証左であった。

相手に誤解は禁物だと繰り返し言ってみても、それで相手の不信感を解消することはできない。核抑止の本質的な性質上、疑心暗鬼を双方で増幅させる効果がかなりの確率であるのは避けがたいことである。誤解を減らす努力が重要なのは論をまたないが、誤解ゼロの状態を期待するのは夢物語に近い。それが私たちが身をおく核抑止依存世界の、冷徹な現実である。

「人間は間違いを犯し、機械は壊れる」

本章では、核抑止を評価する際に欠かせない、核抑止「効果」と背中合わせの核戦争のリスクを、歴史的な事例から見てきた。いずれもリスクの全容が判明しているものではなく、比較的その内容が明らかになっている事例である。

これ以外にも核戦争リスクが高まった事例が複数存在しているのは間違いのないところだ。米国では冷戦期、「誤警報」が大統領にまで伝わったことはなかったとされる。しかしながら冷戦後には、Ｇ・Ｗ・ブッシュ大統領とバラク・オバマ大統領の時代に複数回にわたって、早期警戒システムが弾道ミサイルの脅威を探知し、あいまいな状態のまま、大統領にまで伝えられたことがある。意図しない核戦争のリスクが常に存在し、潜在的なリスクがいつか、実際の核戦争危機に転じてしまうかもしれない状態が継続していると言えるだろう。

なぜ、意図しない核戦争のリスクが存在し続けるのか。その根本的な原因は、核抑止自体に内在している。

威嚇による安定という瀬戸際戦略に依存する核抑止は常に相手に脅しをかけておく必要があり、脅しを緩めると抑止力が弱まるという固定観念にとらわれることになる。そうした心理構造に核保有国すべてが組み込まれる結果、相手は常に核戦争をしかけてくる可能性があるとかまえることになる。そして、相手の核攻撃が始まったと判断したら、できるだけ早く核で報復できる態勢をとっておかないと、相手はこちらの核抑止力を甘くみて、さらなる核攻撃を加えてきかねないとの思考回路に入り込む。

その結果、「誤警報」や不十分な情報、不的確な判断にもとづいて、核使用に意図しない形で追い込まれることになる。恐怖心と時間に追われる核抑止には、そうしたリスクが常に潜んでいるわけで、核抑止による危険な瀬戸際戦略のなかで「自分でしかけた罠」に苦しめられているとも言えるだろう。

ビル・クリントン政権時代に国防長官をつとめるなど、米国政府のいくつもの要職に就いてきたウィリアム・ペリー氏は、複数の「誤警報」への対応にかかわってきた。ペリー氏はその実体験から、「誤警報を机上の空論とはみなさなくなった」と自著に記している。

さらに、「（誤警報は）米国でもロシアでもそれは起きているし、また起きかねないのだ。それは自然の摂理である。人間は間違いを犯し、機械は壊れる」との考えを示している。早期警戒システムを改善してきていることから、「誤警報が偶発的な戦争につながる可能性は低い」ものになっているが、「ゼロではない」と断言している。そして、「その結末は文明の存在を脅かす。誤警報のわずかな可能性も受け入れるべきではないし、受け入れる必要もない」と強調している（ペリー他『核のボタン』）。

第5章　新興リスクの台頭

核戦争の発生リスクと結果リスク

第３章で概要を記した「核兵器の人道的影響に関する国際会議」の議長総括では、核兵器に関する多様なリスクが的確に指摘されている。これらを大別すると、核戦争がどのような要因で起きるかという視点から考察した「核戦争の発生リスク」と、核戦争が起きてしまった場合の凄惨な結末という視点からみた「核戦争の結末リスク」のふたつにわかれる。言い換えると、核戦争の原因にかかわるリスク、結果にかかわるリスクの二種類である。第４章で記した偶発的核戦争リスクは発生リスクに属するものである。

本章以降では、ふたつのタイプのリスクについて考えていくが、次のような順序で進めることにする。本章ではまず、「核戦争の発生リスク」に関して、ここ二〇年ほどの間にサイバー技術を含む最先端技術を使った攻撃能力が向上し、新たな核戦争のリスクとなりつつある状況について概括する。次に、「核戦争の結果リスク」のなかでも、もっともグローバルなインパクトが大きく、近年注目されている気候変動リスクについて述べる。

続く第6章では再び「核戦争の発生リスク」に戻って、北東アジアでの核使用リスクと、どのような事態において核使用にいたるのかについて、長崎大学の研究プロジェクトにもとづいて概説していきたい。

サイバー攻撃によるリスク

近年の先端技術の革新とその軍事応用の裾野《すその》は広く、核兵器システムへの影響は見定めにくい面が多いが、最初にサイバー攻撃による核戦争リスクから概観することにする。

二一世紀に入ってサイバー空間が飛躍的に拡大し、目覚ましい勢いで情報通信技術（ICT）が革新・普及した。サイバー空間はビジネスや行政サービス、個人個人のコミュニケーションにとって必要不可欠なものとなった。二〇〇〇年以降に成人を迎えた「ミレニアル世代」には、情報豊かなサイバー空間のない世界など、むしろ非現実的でさえある。

こうした劇的な変化のなかで、安全保障政策にとってもサイバー空間は重要な課題領域となる。多くの国がサイバー能力を安全保障に影響力を行使する手段とし、サイバーセキュリティーは現代戦の重要な構成要素のひとつに位置づけられている。

たとえば日本の場合、サイバーセキュリティーについて外務省はウェブサイトで二〇二二年に次のように概説している。「サイバーが人々の経済基盤として欠かせないものとなる一方で、サイバー空間を利用した侵害行為（サイバー攻撃）の規模や影響は年々拡大」しているのが現状で、「特定の目的を持つと考えられる高度なサイバー攻撃の一部については、国家の関与が指摘されているもの」も含まれている。サイバー攻撃の特性としては、「匿名性が高く（匿名性）、攻撃側が圧倒的に有利であり（非対称性）、地理的な制約を受けることが少なく容易に国境を越える（越境性）」などの諸点があげられる。こうしたサイバー攻撃については、一国のみでの対応が「極めて困難」なのが実情であり、「国際社会共通の切迫した課題」との認識を共有しながら、「国際社会全体との連携や協力が不可欠」となっている。

米国では国土安全保障省が、連邦政府のネットワークや重要インフラのサイバー防護に関する責任を担っており、同省のなかのサイバーセキュリティー・インフラストラクチャーセキュリティー局（CISA）が政府機関のネットワーク防御に取り組んでいる。国防総省サイバー戦略（二〇一八年九月）においては、米国と長期的に戦略的競争関係にある中ロがサイバー空間における活動を通じた競争を拡大させており、米国や同盟国、パートナーへの戦略上のリスクになっていると指摘されている(「防衛白書」二〇二一年版)。

このようにサイバー攻撃対策の重要性が安全保障政策において高まり続けているが、サイバー攻撃のもたらす核戦争のリスクとはどのようなものだろうか。

米国のトランプ政権は、核政策の基本方針を記した「核態勢見直し」(NPR)を二〇一八年に発表した。それによると、核兵器使用の検討をうながすような「極限の状況」に、「重大な非核戦力による戦略的攻撃」が含まれている。こうした攻撃は、「米国、同盟国、またはパートナーの民間人またはインフラへの攻撃、米国または同盟国の核戦力、その指揮統制、早期警戒および攻撃評価能力(システム)への攻撃」を含んでいる。ここに列記された標的への、どのような非核戦力による攻撃が核報復の対象になるのか。NPRはこの点を詳細に記しているわけではないが、化学兵器、生物兵器、サイバーによる「大規模な攻撃」などを、非核戦力による戦略的攻撃と位置づけている(*Nuclear Posture Review*, 2018)。

その後、バイデン大統領が二〇二二年にまとめたNPRは「米国の核兵器の基本的な役割は、米国、同盟国、パートナーに対する核攻撃を抑止することである」との立場を示している。それに加えて、米国またはその同盟国やパートナーの死活的な利益を守るための「極限の状況」においてのみ、核兵器の使用を検討するとの基本姿勢も明記しており、トランプ政権のNPR

よりも核兵器の使用事態を限定的にしようとする工夫がみてとれる。しかし、「極限の状況」がどのような兵器によるどのような規模の攻撃をさすのかなどは定義しておらず、化学兵器、生物兵器、そしてサイバー兵器による攻撃を明確に排除しているわけではない（Fact Sheet: 2022 *Nuclear Posture Review and Missile Defense Review*）。

米国の『ニューズウィーク』誌の報道では、二〇二一年六月にバイデン大統領がプーチン大統領と首脳会談をおこなった際、ロシア側に、サイバー攻撃に関する「レッドライン」（超えることを容認できない一線）リストを手渡した。そのリストの内容は公表されていないが、それらをサイバー攻撃で破壊すれば、米国は報復攻撃を辞さないという趣旨のものであると推察されている。『ニューズウィーク』誌のなかで元国防総省副次官補（ロシア・ウクライナ・ユーラシア担当）のエブリン・ファーカス氏は、「〔米国が受け入れがたい〕サイバー・パールハーバー〔サイバーによる奇襲攻撃〕とは何かを判断するのは米国であり、軍事的作戦の拡大をどう制御するかを決めるのもロシアではなく米国であることを、ロシアにわからせておく」ことが必要だと指摘している（Tom O'Connor et al., "Will Putin's Hackers Launch a Cyber Pearl Harbor—and a Shooting War?", *Newsweek*, July 2-9 2021）。

サイバー攻撃による核戦争のリスクは、ＮＰＲが警戒するような「極限の状況」をサイバー攻撃がもたらしたときに一気に高まるのは間違いないだろう。ただ、リスクが危険なレベルにまで高まるのは、そうしたケースばかりではない。サイバー攻撃が通常戦力の戦争を誘発し、それが核戦争リスクの高まりへとつながっていくシナリオも考えられる。

たとえば米国の大規模な電力網などの基盤的インフラがサイバー攻撃で突然破壊され、広域の停電によって多数の犠牲者や巨大な被害が出たと想定しよう。

『ニューズウィーク』誌によると、CISAの元インフラセキュリティー担当次長であるブライアン・ハレル氏は、「敵が〔サイバー攻撃で〕わが国の国土に足を踏み入れ、インフラを物理的に破壊すれば、われわれはこれを戦争行為とみなすだろう」と語っている。そしてこの記事は「次のロシアの大規模なサイバー攻撃が、ロシアとの戦争の引き金になることはありうる。そうした事態になれば、サイバー空間の戦争にとどまらず、陸上部隊や戦車、航空機、空母、さらには核兵器も軍事作戦に投入されることがあるかもしれない」と警鐘を鳴らしている。

仮に最初のサイバー攻撃で核戦争への拡大の確率を低く見積もっていたとしても、いったん米ロ戦争の戦端が開かれると、それだけで核戦争のリスクが大いに高まることになるだろう。

宇宙システム攻撃によるリスク

核保有国の核抑止力は、国によって程度の差こそあれ、人工衛星やそれを支える地上基地を含めた宇宙システムに支えられている。宇宙から相手の動きをモニターしたり、宇宙を経由した軍事通信で核戦争を管理したりすることで、「相手が核攻撃をしたら、核で報復する」という核抑止の基本政策を維持しているのである。

たとえば米国の場合、核抑止の根幹を支える情報収集・警戒監視・偵察（ＩＳＲ）システムや、核兵器に関する指揮・統制・通信（ＮＣ３）システムは少なからず宇宙システムに頼っている。

具体的に見てみると、ＩＳＲシステムの一角を担う早期警戒衛星は、いち早く相手のミサイル発射を探知する役割を担っており、その情報が核報復攻撃をするかどうかの重要な判断材料のひとつとなる。全地球測位システム（ＧＰＳ）を構成する衛星には、核爆発の発生位置を確認するシステム（ＵＳＮＤＳ）が搭載されており、核戦争になった場合に発射された核弾頭が標的に到達したかどうかを知ることができる。こうした一連の情報が、大統領の判断や核戦争の指揮には欠かせないものである。

さらに、軍事戦略戦術中継衛星（ＭＩＬＳＴＡＲ）や、その後継システムとなる先進極高周波（ＡＥＨＦ）衛星といった軍事通信衛星は、ＮＣ３システムの一環で配置されている衛星であり、核戦力の運用にかかわる情報伝達の役割を担っている。核戦争の際には、大統領の命令を迅速かつ正確に徹底させるうえで不可欠なコミュニケーション機能を担うものである。

どれだけ核兵器を数多く保有していようと、宇宙配備の衛星とも連動したISR・NC3システムが整備されていないと、核戦略を常に安定的に運用可能な状態に置き続けることはできない。その意味でISR・NC3システムは、米国の核抑止の根幹をなす巨大なシステムの中核部分を構成していると言えるだろう。

このような使命があるISR・NC3システムは、システム全体として信頼性、確実性を保ちながら機能することが鍵となる。二〇一八年のNPRは、たとえ核攻撃の影響下にあったとしても、常に米国の核戦力の指揮統制を確実にするNC3システムを維持しなければならないと強調している。このNPRが、米国または同盟国にある核戦力だけでなく、その指揮統制、早期警戒および攻撃評価能力(システム)への攻撃も核報復の対象と位置づけていることも、NC3システムの重要性を裏づけている。

だが、存在感の大きさは、いいことづくしを意味するものではない。陰の部分に目を向けると、核抑止の要とも言うべきISR・NC3システムの信頼性や確実性が損なわれれば、その基盤を揺るがすことになる。核抑止力を支える巨大システムの脆弱性がそこに存在するわけで、相手にとっては、照準を定めやすい大きな的のようにも見えることだろう。

対宇宙能力での軍拡競争

米国の強大な軍事力、さらには核抑止力の弱点は、ここだと目をつけたのか、中国やロシアは次々と、米国のNC3システムを脅かすような宇宙兵器の開発を進めている。

敵対相手の宇宙システムを破壊・妨害して宇宙空間の軍事利用を邪魔する能力を、「対宇宙能力」と呼んでいる。代表的な「対宇宙能力」は、敵対相手の軍事衛星を破壊する対衛星兵器（ASAT）で、冷戦時代には米国とソ連が開発・実験を繰り返していた。近年では中国やロシアが「対宇宙能力」向上を進めており、多様なASATの開発が進行中と見られている。

とくに中国の動きが目立っており、二〇〇七年一月には、地上から発射したASATを使って、地球低軌道（地上約二〇〇〇キロメートル程度までの高度にある軌道）を周回する自国の気象衛星を破壊する実験をおこなった。その多くの破片が「宇宙ゴミ」となって平和利用の人工衛星との衝突事故の危険性を高め、国際的な批判が一気に高まった。そうした国際世論も意識してか、中国はその後、人工衛星の破壊をともなわないASAT実験を繰り返してきたと見られている。米国の情報機関の分析によれば、地球低軌道の人工衛星を標的とする地上配備型ASATが運用段階に入っていることに加え、静止軌道（赤道上空約三万六〇〇〇キロメートル上空に存在する特別な軌道）にある人工衛星を標的とする新たなＡＳＡＴの開発も進めているようだ。

さらに中国とロシアは、地上からのジャミング（レーダーや通信のための電波の妨害）やスプーフィング（正規の信号になりすました偽の信号の送信による通信妨害）といった手法によって、宇宙システムによる信号の送受信を妨害する「電子戦能力」の強化にも取り組んでいるとの見方がある。サイバー攻撃も宇宙システムにとって潜在的な脅威で、過去に米国の人工衛星がサイバー攻撃を受けた事案も報告されている。

宇宙システムに対するサイバー攻撃によって、米国の核戦略を支えるＮＣ３システムの信頼性が損なわれる可能性も否定できず、二〇一八年に公表された米国の「国家サイバーセキュリティー戦略」は、通信や気象などの民生面と軍事面の両方で有用な宇宙システムが、サイバー攻撃の標的となるリスクも指摘している。

軍事面における攻撃vs防御の技術開発競争は日進月歩であり、宇宙システムについても同様だろう。攻撃vs防御のメカニズムが複雑になればなるほど、機器の誤作動や人間の判断ミスで危機管理上のリスクが高まることも考えられる。核保有国間の軍事的な緊張が高まり、核兵器使用のリスクさえ懸念される状況に直面した際には、宇宙システムをめぐる攻防がきわめて危険なエスカレーションにつながるリスクも、リアルな問題として認識しておく必要がある（永井雄一郎「対宇宙能力の発展と核兵器システム」）。

ＡＩ導入と、核・通常戦力両用システムに潜むリスク

次に、ＡＩ（人工知能）の核兵器システムへの導入と、核・通常戦力両用兵器実用化にともなう核戦争のリスクへの影響について概観することにする。

ＡＩを核兵器システムへ導入する利点としては、どのようなことが考えられるのか。核戦争の危機が迫っていたり、現実に核攻撃の報告を受けたりした場合、国家の指導者はきわめて短時間のうちに核戦争準備や核報復の規模やタイミング、その後の核戦争の制御方法の選択を決断していかなくてはならないだろう。緊急事態において冷静さを保ち続けられる保証も、情報過多のなかにあっても思考が混乱しないという保証もない。

そうであるとすれば、時々刻々変わっていく情勢を見極めながら、ＡＩが感情的になることなくＩＳＲ・ＮＣ３システムを管理・運用して冷静で的確な判断を示したほうが、核兵器システムの信頼性、安定性は高まることにつながるとの期待がある。

では、核兵器システムの運用でＡＩへの依存度を高めることの短所とは何だろうか。日本国

際問題研究所軍縮・科学技術センターの戸﨑洋史所長はリスクの一例として、「ＡＩを導入したＮＣ３によって意思決定プロセスが高速化すれば、それだけ抑止国と敵対国の間で軍事力の早期使用に係る競争も加速化する」ことにつながる事態も考えられ、危機における安定性が大きく損なわれかねないと指摘する（戸﨑洋史「新興技術と核抑止関係」）。

通常戦力の攻撃が核戦争につながる大誤算

懸念されるケースとしては、このようなものが考えられる。

ＩＳＲ・ＮＣ３システムへＡＩを導入して即応性を高めた核保有国Ａと、ＡＩ未導入の核保有国Ｂがあると想定する。この際、ＡＩを使った迅速な対応で優位にたつ核保有国Ａが自信を持って核保有国Ｂに核先制攻撃をしかけてくるのではないかと、核保有国Ｂは疑心暗鬼に陥ることもありうる。その結果、核先制攻撃で核保有国Ｂの核兵器が弱体化・無力化される前に、核保有国Ｂが核兵器使用を可能にするべく、核戦力を高い警戒態勢においたり、核兵器使用の権限を事前に部隊指揮官などに委譲したりするかもしれない。こうした形で、一般に不安定化を招きやすいとされる核先制使用態勢の採用が加速されると、ＡＩ導入が核戦争のリスクを高める方向に作用してしまうことになる。

別の形で懸念されるのは、開発が進んでいる核・通常戦力両用兵器の実用化にともなう核戦争のリスクへの影響についてである。この場合、攻撃用兵器が核兵器と通常戦力の両用である場合と、ＩＳＲ・ＮＣ3システムなどの巨大システムが核兵器と通常戦力の両用である場合が想定される。

ハイリスクになりそうなのは、たとえば核保有国Ｃが通常火薬の弾頭を搭載した両用ミサイルで、核保有国Ｄの核兵器システム（地上レーダー基地、その他の核兵器関連施設）を攻撃した場合である。両用ミサイルを発射した核保有国Ｃがあくまで通常戦力による戦闘を念頭においていたとしても、攻撃を受けた核保有国Ｄは両用ミサイル発射を探知・確認した段階で、「核ミサイルの可能性がある」と判断して、飛来する通常弾頭のミサイルが着弾する前に、核保有国Ｃへの報復措置として核ミサイルを発射するかもしれない。仮にそうした展開になれば、通常戦力による攻撃が核戦争につながるという大誤算が現実のものになる。

ＩＳＲ・ＮＣ3システムなどの巨大システムが核兵器と通常戦力の両用である場合は、どのようなリスクがあるのだろうか。たとえば、核保有国ＥのＩＳＲ・ＮＣ3システムなどの巨大システムの重要な一部が、核兵器と通常戦力の両用であるとしよう。にもかかわらず、核保有国Ｆがその巨大システムの重要部分が通常戦力専用に運用されていると誤解して、通常戦力のミサイルで攻撃したと仮定してみよう。

ところが実際には、攻撃された核保有国Eの施設は核戦略・核戦争計画遂行上の重要施設でもあったとすると、核保有国Eの核報復能力を低下させるための核保有国Fによる意図的な攻撃と核保有国Eは受けとめて、報復手段として核先制使用の準備を進めるかもしれない。その結果、緊張関係が急速に高まって、実際の核使用にいたってしまえば、やはり、通常戦力による攻撃が核戦争につながるという大誤算が現実のものとなるわけだ。

前に述べたように、近年の先端技術の革新とその軍事応用の裾野は広く、核兵器システムへの影響については霞《かすみ》に覆われた状態である。

先端技術を用いた攻撃兵器や兵器システムが、核抑止を安定させる側に作用するのか、不安定になる側に作用するのか。一般論で語れるのか、ケースバイケースなのか――解の模索は始まったばかりであり、戸崎氏は「新興技術が核抑止関係にいかなる含意をもたらすか、少なくとも現状では明確な方向性を示すことは難しい。ただ、戦略的安定性の低下や、意図せざる核兵器使用といった重大なリスクがあり、これをいかにして抑制するかが、核抑止問題における重要な課題の一つとなることは明らかである」と指摘している(戸崎「新興技術と核抑止関係」)。

地球寒冷化のリスク

以上、最先端技術の軍事応用が新たな「核戦争の発生リスク」となりつつある状況について概括してきたが、ここで話題を「核戦争の結果リスク」に切り替えたい。取り上げる事例は、数ある核戦争の結果リスクのなかでも、もっともグローバルなインパクトが大きいと考えられる気候変動リスクである。

具体的には、どのような気候変動リスクが懸念されているのか。それは、核爆発で高空まで舞い上げられる塵や煙などの微粒子に太陽光が遮《さえぎ》られ、地球の平均気温が急に下がって寒冷化し、しかもそれが長期間続くリスクである。

核戦争による地球寒冷化のリスクを強烈にアピールしたのは、世界各国でベストセラーとなった著書『コスモス』などで知られる惑星物理学者のカール・セーガン博士らの研究グループだった。一九八三年に米国の科学ジャーナル『サイエンス』に発表した論文で、地球寒冷化を「核の冬」と呼び、「核爆発や火災、放射性降下物による核攻撃直後の破壊に、それに続くオゾン層破壊がもたらす太陽紫外線の増加が上乗せされ、さらには〔火災で生じた大量の煙と粉塵によ る〕寒冷化、暗黒化、そして放射能禍に長期間さらされた場合、生存した人類と他の種に深刻な脅威となる可能性がある」と指摘した。

セーガン博士は科学ジャーナルだけではなく、国際問題誌『フォーリン・アフェアーズ』にも投稿して、「核の冬」論にもとづく核軍縮論を展開した。その結果、「核の冬」論は核軍拡競争に警鐘を鳴らす政治的な意図も込められた研究であったと、多くの国際政治の専門家に受けとめられた。セーガン博士らの「核の冬」論については、科学的な知見が十分ではない領域と、知見不足に起因した不確実な点が少なくなかったことから、科学者たちによる専門的な分析にもとづく反論も続出した。

核戦争も辞さないのが基本政策である核抑止論の立場からすると、核戦争で「核の冬」が起きるという論は都合の悪い指摘であったため、保守派の科学者たちからの批判も次々に飛び出した。たとえば、米国の「水爆の父」とも称されたエドワード・テラー博士は、「地球上の生命が滅びるというような非常に憶測的な理論を、ある種の政治的行動の要請にもとづいて用いることは、科学の名声にも冷静な政治思想にも貢献するものではない」と猛反発した。しかしながら、不確実性を残し、政治的な批判を浴びながらも、「核の冬」論が完全に否定されたわけではなかった。

総じてみると、セーガン博士らの論文も含めて、核軍拡競争が続き、米ソ間の緊張も高まっていた一九八〇年代前半に発表された地球寒冷化に関する研究成果は、大規模な核戦争が起きた場合には深刻な気候変動が起きるリスクも無視できないという問題意識を国際社会に広めるきっかけをつくった点で、大きな足跡を残したと言えるだろう。

「地域的な核戦争でも地球寒冷化」の予測

やがて冷戦が終結して、全面核戦争の危機感が一九八〇年代に比べて後退した。核軍備削減も進むなかで、「核の冬」論に対する懸念や注目も下火になっていった。それでも地球寒冷化に関する研究は続けられ、二〇〇〇年以降は、地域的な限定核戦争でも気候や食糧生産に重大な影響が及ぶとの論文が次々に発表される展開となった。冷戦後の核拡散の進行を反映して、地域紛争での核戦争を想定した地球寒冷化予測が着目されるようになった。

なかでも注目されたのは、米国ラトガース大学のアラン・ロボック博士らの研究グループが、インドとパキスタンの間で核戦争が発生した場合の気候変動を予測した分析である。二〇〇七年に最初に発表され、二〇一九年にさらに磨きがかかった形で発表された論文によると、パキスタンが一五〇発、インドが一〇〇発の核戦力で双方の都市を核攻撃した場合、核戦争後には世界平均で地表温度が二―五度低下し、降水量は一五―三〇％減少、日照量も二〇―三五％減少するとのコンピューターを駆使した分析結果が出た。

こうした地球寒冷化と気候変動は食糧生産に重大な打撃を与え、大量の飢餓死者が発生するなど、南アジアだけでなく世界各地で「巻き添え被害」が出るとの計算結果を示した。いわゆる、「核の飢饉《ききん》」の到来を予測するもので、限定核戦争の被害が局地的被害にとどまらない公算が大きいとの結果が出たのである。

アメリカ大気研究センターのマイケル・ミル博士らの研究グループは二〇一四年に発表した論文のなかで、核戦争によるオゾン層破壊も含めた地球環境への影響を分析した。広島や長崎に投下されたものと同規模の核弾頭五〇発が局地的に使用される核戦争を想定して分析した結果、オゾン層減少によって中緯度地域での夏季紫外線量が三〇―八〇％増大し、人間の健康、農業、生態系に広範な被害を及ぼすとの予測を示した。さらに日照量の減少にともなって極端な寒冷化が起き、紫外線量の増大と気温の低下によって地球規模で食糧生産が甚大な打撃を受け、「核の飢饉」に直面するリスクを指摘した。

もちろん、シミュレーションに使われたコンピューターモデルは完全なものではなく、今後も改善の余地があることを多くの専門家が指摘している。ただ、地球温暖化予測に関するコンピューターシミュレーション能力の飛躍的な向上ともあいまって、核戦争後の地球環境予測の研究手法も改善されており、全面核戦争後の「核の冬」が論議になった一九八〇年代と比べて格段の進歩を見せている。

今後とも分析精度を上げる研究は続けられるだろうが、核抑止依存に懐疑的な目を向ける世界各国の人々が、冷戦後に拡散した核兵器の数だけでも世界が危機的な状況に直面しうることに想像力をめぐらせるきっかけをつくったと言える。

防衛研究所の一政祐行研究員は「学術的にも様々な議論があるなか、研究手法の精緻化が進む「核の冬」論は、核を巡る安全保障環境に今も重要な含意を持っている。そのため、全ての核兵器保有国が核戦争の気候影響を検討するのが理想である。「核の冬」論の再評価を軸に、従来の核リスクの考え方自体への見直しも考慮されるべき時期に差し掛かっている」と指摘している（一政祐行「核戦争の気候影響研究の展開と今後の展望」）。

逃げ場のないグローバルな惨事

世界の約二〇〇か国のうち、核抑止に明確に依存しているのは約四〇か国（北大西洋条約機構（NATO）加盟国、米国の同盟国の日本、韓国、オーストラリア、核保有国の中国とロシア、ロシアの同盟国ベラルーシ、核武装国のインド、パキスタン、北朝鮮、イスラエル）である。

にもかかわらず、核戦争が現実のものになれば、核抑止に依存しない約一六〇か国も逃げ場のないグローバルな惨事に巻き込まれる、理不尽極まりない事態さえ起こりうる。

この約一六〇か国のうち多くが五つの非核兵器地帯条約(地帯内での核兵器の実験・使用・製造・生産・取得・貯蔵・配備等を禁止する条約)に加入し、核兵器禁止条約(ＴＰＮＷ)にも賛同してきたことを考え合わせると、核抑止依存国の核抑止政策の失敗がもたらす惨状に巻き込まれ、苦しまされるのは不条理でしかない。それに加えて、世界に一万三〇〇〇発近く残っている核弾頭が部分的に使われる限定的な核戦争であっても、「核の飢饉」などの窮状が待ち構えているとの予測が相次いで発表されてきたことで、よりいっそう、「すべての人類の安全保障」の重要性が意識されるようになったと考えられる。

第6章　北東アジアでの核使用のリスク

北東アジアでの「核使用想定ケース」研究

ウクライナ危機で「核による恫喝」に打って出たプーチン大統領率いるロシアも北東アジアの核保有国の一員であり、緊張感の高まりが懸念されている。その北東アジアで核抑止が崩壊して、核兵器が使用されるとすれば、どのようなケースが「現にありうる」と言えるのだろうか。核が使用されればどのような結末、被害がもたらされるのだろうか。核の使用を未然に防ぐ方策とは何だろうか。

こうした課題への解を模索するため、私がセンター長をつとめる長崎大学核兵器廃絶研究センター（RECNA）は米国のノーチラス研究所、ソウルに事務局を置く、アジア太平洋リーダーシップネットワーク（APLN）との共同で、研究プロジェクト「北東アジアにおける核使用の可能性」を始動させた。

共同研究は二〇二一年度からの三年計画で、初年度は「核使用想定ケース」の研究に集中し、二〇二二年一月に研究報告書をまとめた。ここではこの研究報告書をもとに、北東アジアでの北朝鮮、米国、中国、ロシアによる核使用が想定されるケースについて概観することにする。

二五の「現にありうる」核使用想定ケース

この研究での北東アジアの定義には、地理的にこの地域に位置する中国、日本、韓国、北朝鮮、ロシアの五か国に加えて、潜在的な紛争の火種となりうる台湾も含めている。この地域での核使用が想定されるケースの検討は、台湾の存在を抜きにしては不完全なものとなってしまうからである。

また、地理的にはこの地域の国ではないが、米国を分析の対象にしている。米国の役割を含めなければ、北東アジアにおける核兵器の存在と核抑止に関する考察はきわめて不完全なものになるからである。米国は、韓国、日本、そしてグアムなどに、この地域に深くかかわる主要軍事基地を配置している。米国の核兵器は一九九一年に朝鮮半島から撤去されたが、米国は韓国、日本に拡大核抑止(「核の傘」)を提供しているほか、台湾の防衛にも一定の約束を表明している。

共同研究では、核戦争シナリオに詳しい米国ランド研究所にも在籍したポール・デイビス博士、ブルース・ベネット博士、韓国国防省で朝鮮半島での戦争に関する分析もおこなったリー・サンキュ博士ら、核使用が想定されるケースの考察に従事してきた専門家の知見や実務経験の力も借りながら進めた。また二〇二五―二〇三〇年の近未来を想定して、考察した。

その結果、全部で二五の核の使用が想定されるケースをリストアップして、個々のケースに解説を加える研究報告書をまとめた。いずれのケースも「起こる可能性が高い」(likely)など、発生確率的な視点から選んだのではない。言い換えると、コンピューター解析による定量的な分析にもとづく、発生ケースの予測ではない。「現にありうる」という観点から特定したものである。

提示したいずれの核の使用が想定されるケースにおいても、①核使用にいたる【発端事象】と核先制使用にいたる経過、②核使用後の【紛争の展開】、③【使用想定ケースがもたらす帰結】、④【不確定要素】などについて説明、解説している。

二五のケースにおける核の使用の態様は、幅広いものになっている。核兵器を使用するつもりはなかったが何らかのアクシデントや敵の意図を誤解した結果、使用にいたる「非意図的」な使用から、相手に対する強制力として核兵器を使用したり、計画的な侵略で優位に立つために核兵器を使用したりする「意図的」「計画的」な使用まで網羅している。使用想定ケースのなかには、全面的な核戦争への拡大リスクが高いものも、限定使用のみで終わりうるケースも含まれているが、実際の展開がどうなるかはきわめて不透明である。

総じてみると、北朝鮮および米国による核兵器の先制使用をより多く検討しているが、これは、長年にわたり北東アジア地域では、朝鮮半島でもっとも紛争リスクが高いためである。ただ、台湾問題で米国やその同盟国と鋭く対立する中国や、北東アジアの海に核搭載型の原子力潜水艦を展開させているロシアが先制使用するケースも含まれている。

以下では二五のうち、主だった七つの核の使用が想定されるケースを概説しておきたい。ここでは、最初の核使用の主体が北朝鮮、米国、ロシア、中国の場合にわけて説明していく。

北朝鮮による「核使用想定ケース」

・第一の【発端事象】

強硬な韓国政権が誕生し、その要請を受けて米国が韓国内に核兵器を再配備する。北朝鮮指導部は韓国・米国・国連軍の攻撃が迫っていると確信するが、外交で安全保障を確保できそうにない。さらに通常戦争では勝てる見込みがないと判断した北朝鮮は、核攻撃で米国がひるむことに期待をかけて、米国や韓国の主要軍事基地に対して核兵器を使用する。あるいは韓国の原発に核攻撃して、放射能汚染を拡大させる。

北朝鮮の核攻撃の標的は、どのようなところなのか。軍事基地への攻撃の場合は、韓国内の主要な在韓米軍、ソウルに近い韓国軍基地、あるいはグアムの米軍基地を標的として、それぞれに核兵器を使用するだろう。原発攻撃の場合は、韓国の原発周辺の防衛力の強さを念頭において、北朝鮮は核弾頭を搭載した巡航ミサイルを使用して原子炉を攻撃する。このミサイルは機動性があり、標的的中の誤差が一〇メートル前後の精度を持つ可能性があって、大きなダメージを与えられる。特殊工作部隊を潜入させて、韓国の原発破壊を試みることも考えられる。

その後の【紛争の展開】は、どのようなものか。米韓の主要軍事基地への攻撃に対して米国は、北朝鮮の軍事施設を通常弾頭のミサイルや爆撃機で攻撃するほか、大陸間弾道ミサイル(ICBM)やその他の核弾頭を搭載したミサイルがあると思われる場所に核兵器を使用する。また、平壌《ピョンヤン》市内または近隣の地下司令部があると思われる場所に核兵器を使用して破壊する。原子炉への攻撃が北朝鮮による全面攻撃の前兆であり、外交による戦争拡大防止の道がないと判断すれば、通常爆弾搭載の航空戦力に加えて、爆撃機や地上・海上発射ミサイルに搭載された核弾頭で、北朝鮮の部隊と指導部をねらって攻撃することになるだろう。

ロシアや中国の領域や周辺の上空を米国のミサイルや爆撃機が飛行して北朝鮮を攻撃した場合、米国がロシアや中国の領土をねらっているのではないかとの懸念が強まるだろう。ロシアや中国が米国に向けて核兵器を発射し、米国がロシアや中国の発射に報復する事態になると、実質的に地球規模の核戦争に発展する可能性がある。

【使用想定ケースがもたらす帰結】は、どうなるのか。

米韓の報復攻撃のあとも北朝鮮が運用可能なＩＣＢＭを保有している場合、米韓の攻撃後または攻撃中に、それを使用して米国を攻撃することを決定する可能性は十分にある。短距離の弾道ミサイルは、米軍の基地とおそらく日本の民間地域を標的とする。逆のシナリオとしては、米韓の限定的な報復攻撃で北朝鮮の体制が崩壊した場合、新指導部が国際社会との協調路線をめざす可能性はある。その際には米韓などが、朝鮮半島非核化交渉の第一歩として、北朝鮮の核・ミサイル関連のインフラを国際管理下におく代わりに、平和と経済再建への多額の投資を北朝鮮に提供するという組み合わせで交渉に臨む可能性もある。

しかしながら、核爆発による原発攻撃の場合には事情は異なる。核爆発によって原発内の大量の放射能が放出された場合、あるいは施設の破損や電源喪失で原子炉や使用済み燃料プール内の核燃料棒が溶融した場合には、広域な放射能汚染が発生する可能性がある。このような放射能非常事態に直面すると、韓国は危機的な状況に陥る。

【不確定要素】として重要なのは、核戦争後の朝鮮半島の状態である。北朝鮮が米韓軍の侵攻を阻止するために非武装地帯で核地雷を大量に爆発させてしまえば、放射能汚染によって少なくとも陸上では朝鮮半島が長期間にわたって分断されることになるかもしれない。北朝鮮への核攻撃、韓国の原発への核攻撃で朝鮮半島が広域にわたって放射能に汚染され、短期的には韓国と朝鮮の両方の相当部分が居住できない状態になる可能性もある。

・第二の【発端事象】

　北朝鮮政権は経済苦境や感染症対策の手づまり、自然災害とそれにともなう不作などで統治基盤が揺らぎつつあることを深刻に受けとめる。国際的にも国内的にも追いつめられた結果、戦争と力の誇示によって政権の延命をはかるという目的で、韓国と米国の非軍事的な目標に核攻撃をかける。

想定される北朝鮮による核攻撃の標的は、以下である。

非軍事的な目標として第一に考えられるのが、ソウルの政治・行政機関が集中するところで、青瓦台とその周辺の主要省庁、ソウル市庁舎などに照準を合わせるだろう。そうした核攻撃によって韓国の機能をマヒさせれば、壁にぶち当たった北朝鮮政権の威信回復、北朝鮮内でのナショナリズムの高揚に役立つだろう。

次に想定されるのが、多くが韓国南部に集中している原発である。北朝鮮との国境から比較的離れていることから、放射性降下物の影響を受けにくいと考え、核弾頭搭載のミサイルで原発を攻撃することに集中する可能性もある。原発から大量に放射能が放出されれば、原発周辺地域で暮らしていた韓国の人たちがソウル方面に大量に移動し、ソウル防衛を困難にする可能性も出てくる。

北朝鮮の核使用後の【紛争の展開】は、どのようなものか。

米国は、北朝鮮の既知の核ミサイルおよびその他の核施設、および人口密集地（または侵略部隊が存在する地域）が近くにない指揮統制組織に照準を合わせた、限定的で比較的爆発規模が小さい核弾頭を使った攻撃を実行せざるを得なくなるだろう。北朝鮮核開発計画の重要施設が集中する寧辺も標的になる可能性は高いが、ここの核関連施設は通常弾頭のミサイルや通常弾薬による空爆作戦で容易に破壊できるだろう。

ただ、北朝鮮による核攻撃でどれだけの韓国在住の米国民が犠牲になってしまうのか、北朝鮮が米国民も標的にしていたのか、で米国の対応が大きく変わってくる可能性もある。米国の大統領やその補佐官たちが、北朝鮮は米国領土にICBMを発射できる、状況しだいで発射する、と確信するかどうかでも対応は変わってくる。仮にそうした確信を米国の指導部が持ったとすれば、米国は平壌への核攻撃で北朝鮮の指導者を排除しようとするかもしれない。

【使用想定ケースがもたらす帰結】は、どうなるのか。

苦境に陥っている北朝鮮に核攻撃がおこなわれて、社会的・経済的な混乱に拍車がかかると、北朝鮮から中国東北部に難民が流出する可能性がある。これを懸念した中国は、北朝鮮との国境に兵力を集中して北朝鮮国民の北上を抑止するとともに、米軍・国連軍に「越えてはならない一線」を守らせるために国境付近に駐留することが考えられる。ロシアは難民を抑止するために、北朝鮮との短い国境に軍を移動させるが、長く紛争に巻き込まれないようにすることを望むだろう。

米国が平壌を核攻撃した場合、中国は北朝鮮を支援せざるを得なくなる可能性がある。放射性降下物の危険を考慮すると、中国の支援は中国軍が朝鮮半島に進駐するのではなく、米国本土へのICBM使用の可能性で威嚇する形になるかもしれない。ロシアは、平壌在住のロシア国民を失ったことに対する限定的な報復や、日本や欧州の米軍基地への攻撃を検討するかもしれないが、北東アジア以外への攻撃には慎重な構えをとるだろう。

【不確定要素】として重要なのは、政治・軍指導部への核攻撃の可能性に関する思惑の交錯である。近年の一般的な戦争戦略からすると、米韓が報復措置として北朝鮮の指導部を核攻撃しない選択は考えにくい。他方で北朝鮮指導部は、米韓が自分たちを核攻撃しないのではないかと期待することもありうるだろう。逆に、米韓による北朝鮮指導部への核攻撃が実際には計画されていなかったとしても、北朝鮮は指導部を守るためにさらなる核攻撃で対応せざるを得なくなる場面も考えられる。また、中国が自国の核兵器で北朝鮮を支援する必要性をどの程度感じるかも重要な点であるが、開戦の原因となった挑発行為の責任が北朝鮮にあった場合、中国の対応は不確実であり、見通しにくいものがある。

米国による「核使用想定ケース」

・第一の【発端事象】

南北間の対立が続くなかで、韓国からの北朝鮮へのミサイル発射事故が起きる。領有権係争水域における北朝鮮潜水艦の攻撃で、韓国巡視船が沈没する。国内経済の悪化などで、北朝鮮が政権基盤強化のための陽動作戦を必要とするようになる。米国が国内外の事情から、朝鮮半島問題に集中できない局面になる――こうしたさまざまな事象が引き金となって、北

─朝鮮が非武装地帯に進軍してきたとする。─

その結果、非武装地帯での戦闘で北朝鮮軍を圧倒することができず、韓国に潜伏してきた北朝鮮の特殊部隊が米軍・韓国軍の航空戦力の大半を無効化するような事態になるかもしれない。そうした展開になった場合、米国は韓国が蹂躙《じゅうりん》されることを恐れて、まず北朝鮮に対して核使用を示唆して威嚇するだろう。だが、その威嚇が無視されてしまえば、米国は北朝鮮軍を標的にした核攻撃を選択することが考えられる。

米国は、核攻撃の照準をどこに合わせるのだろうか。

まず考えられるのは、非武装地帯の北側で韓国への侵攻を準備する北朝鮮軍部隊と、ソウルを威嚇する核ミサイル発射基地の主要部分が標的になるだろう。後者への攻撃の一部は通常ミサイルや航空機で実行することも可能だが、米国は北朝鮮の核の脅威を可能な限り排除しようとするかもしれない。北朝鮮の軍事施設に関しては、通常兵器による先制攻撃では効果に不確実性があるため、核兵器を使用せずに北朝鮮の主要な脅威を確実に無力化することはできないと米国が判断する可能性もある。

米国が核使用にいたったあとの【紛争の展開】は、どのようなものか。北朝鮮は、自国軍の部隊だけでなく、平壌の指導部に対する米国の攻撃を恐れるだろう。それに対抗するために北朝鮮は、韓国にある主要な米軍基地や、米国の攻撃拠点になるとみられる地域の米軍基地（沖縄やグアム）を核攻撃することも考えられる。北朝鮮のその他の軍事標的の例としては、（朝鮮半島の外からの援軍到着の速度を遅らせる目的で）釜山近郊の鎮海米海軍基地、韓国の機動部隊、さらには在韓米軍司令部も置かれるソウル南方のハンフリーズ基地などがあげられる。

【使用想定ケースがもたらす帰結】は、どうなるのか。軍事的な展開もさることながら、米軍が核先制使用したことを受けて、近隣の核保有国である中国、ロシアがどう動くかが焦点となるだろう。米中ロも巻き込んだ核戦争を回避するため、さらには核使用後の北朝鮮への対応をめぐる外交が大きな課題になるだろう。

米国は、核兵器を使用する目的は北朝鮮の核脅威の削減・除去、北朝鮮指導者の排除に限定される、と中国とロシアに保証することだろう。中国とロシアは、紛争に関与しないことの代償として金正恩体制の存続を主張し、それを北朝鮮の防衛に関する両国の（北朝鮮に対する公式またはその他の）義務の履行とみなすかもしれない。また、中国とロシアは、敗北した北朝鮮の統治のあり方について、おそらく国連安保理を通じて両国が重要な役割を果たすよう事前取引を要求するかもしれない。

【不確定要素】として重要なのは、核先制使用するかどうかの米国大統領の意思決定である。

もし大統領側近の補佐官が核兵器使用に強く反対したり、米国の有権者も核使用を支持しないとの情報を与えられたりすると、大統領が核兵器による先制攻撃を指示する可能性は低くなる。逆に大統領が、核兵器使用に(抑止力として以上に)価値を見出すグループから多くの情報を与えられたり、大統領や助言者が、遠い大陸での核戦争は有権者にとって重大な関心事とはなりえないと考えたりしたとすれば、状況に対応して米国の核先制使用の確率が高まるだろう。

・第二の【発端事象】

北朝鮮が、核技術を他国または中東の非国家主体に拡散させ、その結果として、中東にある米国の関連施設(軍事施設など)をねらった核爆発が起きる。米国とその同盟国が、北朝鮮起源であると判断し、拡散した核兵器がさらなる脅威となる可能性を強く懸念する。米国は北朝鮮に即時の非核化と核拡散ネットワークの解体を求めるが、北朝鮮が応じないため、核先制使用に出る。その際、攻撃対象となるのは地上にある核関連施設だけではなく、地下に埋設されたミサイル基地やウラン濃縮施設、あるいは山中に建設されたミサイル基地だろう。こうした施設を破壊できる核ミサイルの使用が考えられるが、北朝鮮の指導部を直接攻撃することはないだろう。

米国が核使用にいたった後の【紛争の展開】は、どのようなものか。

北朝鮮は、米軍基地をねらうなど通常兵器で応戦する可能性もあるが、指導部への攻撃が迫っていると判断し、核攻撃をおこなう可能性もある。北朝鮮の攻撃は、韓国内の米軍を標的とし、ソウル周辺に及ぶことも考えられる。核報復で放射性降下物が風向きによって北朝鮮側に漂うことが懸念される場合、韓国南部の都市への攻撃があるかもしれない。

いずれの場合も北朝鮮は、大きな損害を与えて和平に持ち込もうとするだろう。こうした核報復は、比較的隠しやすい短・中距離ミサイルが、米国の攻撃を受けたあとも生き残った場合を想定している。和平への圧力を高めるために、日本への中距離ミサイルによる核攻撃も考えられる。北朝鮮のICBMが米国の攻撃に耐えて残ったとすれば、それを使った米国への核報復もありうるだろう。

【使用想定ケースがもたらす帰結】は、どうなるのか。米国が核先制使用をしたことを受けて、中国やロシアがどう動くかが大きな懸念材料となる。米国の核攻撃が「いわれのないもの」とみなされれば、中国は北朝鮮を支援せざるを得ないと考えるだろう。米国の爆撃機やミサイルが中国の領土を飛び越えたり近づきすぎたりした場合、中国は自国領土への攻撃が進行中か、あるいはさし迫っていると考えて報復の核攻撃をおこなう可能性もある。米国と中国が敵対した場合には、ロシアはおそらく、事態の推移を見守り、争いには参加しないだろう。【不確定要素】としてまず重要なのは、韓国が、米国による核先制使用という対応を容認するのか、それとも報復を控えるよう米国に要請するのか、である。また、米国が中東で核爆発を起こした非国家主体を特定できないまま、「鑑識」によって核物質の出所を北朝鮮と判断して、北朝鮮が核兵器を使ったのと同等だとの見方にたって核攻撃に向かうケースも想定される。誤った結論にもとづいて、９・11後のイラク戦争のような形で、米国が北朝鮮を核攻撃する事態が懸念される。

・第三の【発端事象】

日本と北朝鮮の関係が悪化し、制裁によって北朝鮮経済がさらに悪化したことなどを受けて、北朝鮮が東京上空の高高度で核兵器を爆発させ、強烈な電磁波を発生させる。高高度の核爆発なので地上での破壊や放射線被害の心配は小さいが、電子機器への影響によりインフラに大きな損害を与える。いわゆる高高度核爆発電磁パルス（ＨＥＭＰ）攻撃であり、核兵器使用と同等とみなされる。

防衛関連センサーやミサイル防衛などのシステムが機能障害に陥る間に、北朝鮮が通常兵器または核兵器で日本を攻撃することを恐れて、日本が米国に核兵器による対応を要請する。米国は躊躇《ちゅうちょ》しながらも、「同盟国には拡大核抑止の約束があるから」との考えから、核報復に同意する。

【紛争の展開】だが、北朝鮮指導者の打倒に失敗した場合には、北朝鮮が核報復に出るだろう。その核報復は、もし米国の先制攻撃のあともＩＣＢＭが生き残っていれば米国本土に向けて発射するだろう。日本に対しても、生き残った別の核ミサイルで報復するだろう。また、北朝鮮が核報復した場合には、米国は北朝鮮指導部の排除に失敗したと判断するだろう。その結果、北朝鮮指導部の緊急時用の別の拠点や地上の核関連施設のほか、地下に埋設されたミサイル基地、山岳トンネル内に建設された可能性のあるミサイル基地が標的になると考えられる。

【使用想定ケースがもたらす帰結】は、どうなるのか。

このケースについても、近隣の核保有国である中国、ロシアの反応が大きな懸念材料である。米国が北朝鮮に核報復すると、中国は米国の攻撃を「挑発」とみなして警戒を強めるだろう。中国が軍事介入をしないにしても、米軍の朝鮮半島北部での展開の程度や、北朝鮮統治のあり方について、米国に何らかの取り決めを求めてくるだろう。その場はおそらく、国連安保理となることだろう。ロシアは事態を注意深く見守り、おそらく朝鮮半島周辺の要所に潜水艦を配備すると考えられるが、直接に軍事介入することはないだろう。

【不確定要素】としてまず重要なのは、中国とロシアが紛争に巻き込まれる危険性である。

この「核使用想定ケース」の分析では、中国とロシアが紛争に巻き込まれないと仮定しているが、それは確実なものではない。たとえば、米国の軍艦、軍用機、潜水艦による北朝鮮への攻撃を、システムの誤判断や誤作動によって、中国とロシアが自分たちへの攻撃とみなした場合は、とくに危険だろう。韓国と中国、場合によってはロシアに、核攻撃を逃れた北朝鮮国民が国境を越えて流出し、大規模な難民危機に直面する可能性も高いと考えられる。また、北朝鮮への核攻撃による放射性降下物で韓国国内が汚染され、広域にわたって居住などが困難になるリスクもある。

ロシア・中国による「核使用想定ケース」

・ロシアの場合【発端事象】

「北方領土」をめぐる対立が再燃・激化するなど、日ロ関係の悪化をなかなか止められない状況になったとする。そうしたなかで、ロシアの潜水艦がウラジオストク基地から日本海および近海でのパトロールを大幅に増加させる。その活動の最中に、ロシアの原子力潜水艦の乗組員が、自艦への核攻撃が迫っているとの誤った情報を本当の情報だと確信してしまう。しかも、ロシアの陸上基地や太平洋艦隊の指揮官との通信システムが不調で、その確信が裏づけられない。切迫した状況で、非常時の交戦規則（ＲＯＥ）に従って、米国に核攻撃してしまうケースが想定できる。このときの標的は、北東アジア地域、とくに日本にある米軍基地と考えられる。

どのような誤解から、核使用にいたる可能性があるのか。たとえば、米ロ関係の摩擦と不信が続き、ロシア全軍の軍事的な警戒レベルがすでに高まっていたとしよう。そうした状況下で、ロシアの潜水艦の近くで北朝鮮がミサイル実験をおこなったり、あるいは北朝鮮が海上で核爆発の「デモンストレーション」（示威行動）をおこなったりした場合、ロシア潜水艦自身や近くのロシア空母艦隊、あるいはウラジオストクの基地への米国による核攻撃と勘違いしてしまうかもしれない。

その後の【紛争の展開】は、どのようなものか。米国は、（おそらく日本にうながされる形で）ウラジオストクとカムチャッカ半島にあるロシア太平洋艦隊司令部や軍事基地に対して核を含む報復攻撃を開始する。この攻撃で飛行場や陸上にある海軍施設のインフラは破壊されるが、停泊時にはそこを使っている潜水艦や艦船のほとんどは海上にいたため、攻撃からのがれることも想定できる。そうした展開となった場合、ロシアの潜水艦や艦船は、この地域にある米軍基地に対して通常弾頭や核ミサイルを発射する。

米ロの核使用に拡大するような、こうした【使用想定ケースがもたらす帰結】は、どうなるのか。

すでに米ロ間の緊張が高まっている時期に発生したと仮定すると、少なくとも米ロ両国の指導者が異例かつ即時に連絡を取り合い、緊急の外交を展開できない限り、核戦争を北東アジアに限定できるとは考えにくい。緊急のコミュニケーションが奏功しない場合、米ロ間でＩＣＢＭが発射される可能性が高いと思われる。中国は、米国のミサイル発射を自国領土に向けたものと勘違いして、ＩＣＢＭを発射する可能性がある。それも現実になれば、北半球の各地へただちに核による災害が広がり、南半球の各地は放射性降下物や環境破壊、あるいは世界的な経済崩壊によって甚大な影響を受けることになるだろう。

【不確定要素】としてきわめて重要なのは、以下の点である。

第一に、前に述べたような状況でロシアの潜水艦の乗組員がどのように反応するか。第二に、司令部との通信ができない場合には、米国が攻撃の背後にあるという確固たる証拠がない状況でも、通常の交戦規則で米軍基地への攻撃が可能かどうか、ということである。ロシアの交戦規則がどのようなものか、その運用の委細がどのようなものかは機密事項なので知る由もないが、この点をめぐる不確実性が予期せぬ展開になりうることを、このケースは示唆している。

・中国の場合【発端事象】

中国が核兵器の核先制使用にいたる想定ケースはさまざまに考えられるが、その可能性のあるもっともらしいケースのほとんどは、台湾に対する主権上の立場に関連するものである。そうしたなかにあって研究報告書が想定したケースは、以下のようなものである。

台湾でより独立志向の強い政権が誕生し、香港では中国の特別行政区支配をめぐる大規模な抗議運動が発生する。香港の抗議運動は中国本土の世論にも影響を与え始め、中国政府を悩ませる。緊迫した状況のもとで、中国と台湾の対立が軍事衝突にエスカレートしてしまい、中国は台湾の防衛施設を攻撃する。だが、台湾の反撃で福建省の飛行場や、海軍の重要な艦艇を失うなど大きな打撃を受ける。米国と韓国、日本を含む同盟国が台湾を軍事的に支援する。台湾海峡紛争への米軍のさらなる関与を懸念した中国は、まず米国への威嚇に打って出る。しかし、威嚇の効果がほとんどないと判断し、しかも通常兵器だけでは敗北しかねないと確信すると、核先制使用に踏み切る。核攻撃の対象は、北東アジア地域に深くかかわる米

―軍基地、そして、おそらく海上の米軍艦船となるだろう。

中国が核先制使用をした後の【紛争の展開】はどうなるのか。

米国は、台湾を脅かす中国の多くの軍事目標（陸上および海上）に通常ミサイル攻撃をおこなう。米国が核攻撃する場合は、中国による米国自身へのＩＣＢＭの使用を阻止するため、通常戦力のミサイル攻撃を受けても耐えられる強固なつくりの軍事目標（ＩＣＢＭ関連基地など）に対して重点的におこなわれる。標的の具体例としては、中国内陸部に最近建設された核ミサイル基地があげられるだろう。沖縄が攻撃された場合、米国は中国への反撃について日本と協議することが予想される。

【使用想定ケースがもたらす帰結】は、どのようなものなのか。

中国が自国領土への米国の核報復攻撃を甘受して米国領土への核攻撃をしないことは考えにくいし、米国本土への核攻撃に中国が踏み切った場合には、米国がさらなる核報復に出るだろう。こうした形で米中が数多くの核兵器を応酬する事態になれば、米国は北大西洋条約機構（ＮＡＴＯ）を通じて欧州の核保有国（英仏）にも中国への対応を要請し、欧州連合（ＥＵ）を巻き込むことになるかもしれない。そのときにロシアが紛争に巻き込まれることも考えられるが、そうした展開になった場合、地球規模の核戦争に近い状態になり、人類社会の存続や自然環境に壊滅的かつ長期的な影響を与えることだろう。
もちろん、核戦争の進行の仕方には、常に【不確定要素】がつきものであり、この想定ケースでも核戦争が早期に終結する可能性もある。しかしながら、ここでの【使用想定ケースがもたらす帰結】で描いたような米中ロの三大核保有国が参戦する核戦争へ拡大してしまえば、地球規模の核戦争に近い事態にいたってしまう以外の結末は考えにくい。

以上、研究プロジェクト「北東アジアにおける核使用の可能性」の概要を記した。どのケースをとりあげても悪夢のような内容である。締めくくりに改めて、①核兵器が使用されればどのような結末、被害がもたらされるのか、核兵器の使用を未然に防ぐ方策とは何かをさぐるのがこの研究の目的であること、②そして、ハイリスク地域となった北東アジアでの核兵器の使用リスクを下げていく方策を見定めていくにはまず、核抑止の脆弱性を直視する必要があると判断したこと、を強調しておきたい。

第三部
核抑止を解体する

広島を訪問したオバマ大統領(2016 年 5 月 27 日。提供：時事通信社)

NATO	北大西洋条約機構
NPT	核不拡散条約
TPNW	核兵器禁止条約
ISR	情報収集・警戒監視・偵察
PAC-3	地上配備型の迎撃ミサイル
ABM	弾道弾迎撃ミサイル
NPR	核態勢見直し
ICC	国際刑事裁判所

第7章　核抑止の限界と脆弱性

「はじめに」で記したように、本書では、核抑止を「解体」することが大きな目的だ。この章では、前の章までで得た所見にもとづいて、あるいは参考にしながら、核抑止の限界と脆弱性をさらに詳しくみていく。

冷戦期は核抑止で安定したのか

まず、核抑止の効果を別の視点からさぐるために、少し長い時間軸で考えてみよう。核抑止論者の多くが、核抑止の信頼性を説く際の「実証」として、「第二次大戦後に次の世界大戦が起きなかったのは、核抑止が存在してきたからだ」という「解釈」を前面に出すことがある。果たして、この「解釈」が期待するように、核抑止は本当に機能してきたのだろうか。

この「解釈」の代表例が、冷戦研究の権威である歴史学者のジョン・ルイス・ギャディス博士の見解だ。ギャディス博士は一九八六年の論文「長い平和」(ロング・ピース)とそれに続く同名の著書のなかで、結局は、「核兵器の開発が戦後国際システムに安定的効果をもたらしたのである」と強調した。一九四五年から一九八六年までの四一年間にわたって米ソ間の大戦は勃発しなかった「戦争の不在」について、核抑止のほかに説得力のある説明がなく、「核抑止は、第二次世界大戦後の国際システムを支えてきた最も重要な行動メカニズムであった」と結論づけている(ジョン・L・ギャディス『ロング・ピース』)。

ギャディス博士の主張の主な論拠は、①ふたつの大国による二極構造は、三つあるいはそれ以上の大国が併存する状態に比べて安定性が高いことは考えられるが、それだけでは「戦争の不在」の説明にはならない、②経済関係や文化交流を密にしていくことが戦争防止につながるとの古典的自由主義の主張は説得力不足であり、やはり「戦争の不在」の説明とはならない、③戦争に発展してもおかしくなかったが、それにはいたらなかったという危機のケースを分析すると、核兵器の抑制的な影響が大きかったと推論できる、といったものだった。

懐疑的な立場

核戦略問題に詳しいジャン・ノラン博士は、「核兵器が、ふたつの超大国間の戦争を防止し、欧州に安定をもたらしてきた。長い間にわたって維持されてきたこのコンセンサスは、核抑止に関する力学を詳細に分析することを奨励してこなかった」と指摘する。また、「核抑止の影響力が信条のように受け入れられ、戦争の不在という明白な経験によって〔核抑止が〕引き継がれてきた」との認識を示している。そのうえで、「誤解や誤報にもとづいて核使用にまで発展しかねなかったケースをつぶさに調べると、核抑止への評価はもっと複雑なものであることを示唆《しさ》している。核戦争を防げたのは、戦略や政治指導者の正義感によるものではなく、どこまで幸運によるものだったのかについて、きちんと検証されたことはない」と結論づけている(Janne E. Nolan, *An Elusive Consensus*)。

核抑止の効果を全面否定しているわけではないが、懐疑的な立場である。こうした視点は、第4章の偶発的な核リスクに関する説明のなかで、キューバ危機を経験したマクナマラ元米国国防長官が、あの危機で核戦争を回避できたのは「幸運」によるところが大きかったと回想していることと呼応するものである。

安全保障政策の研究者であるシュイラー・フェルスター博士も、不確実性が存在することから、「誰も確信をもって核抑止が作用しているとは言えない」とみる。抑止効果の程度は、敵対国の意図によるところが大きい。現実に冷戦期における米国の抑止力の効果をめぐる論議は、しばしばソ連の意図の問題に集中してきた。しかしながら、相手側の本当の意図は知ることはできないものであり、時間がたてば変わるものでもある。したがって、「抑止効果というのは決して証明されることはない性格のものなのであり、証明できるのは、〔核戦争が起きたときに〕抑止効果がなかったことである」。

核抑止の効果が当事者の意図に大きく左右され、それがさまざまな核リスクにつながりうることは、第6章の北東アジアでの核使用リスクの研究でも浮かび上がったところである。

歴史学者のフランシス・ギャヴィン博士は、「第一次世界大戦の原因をめぐる多くの未解決の議論が示すように、実際に起こったことの原因を(完全に)理解することさえ、ほとんど不可能である。増してや、何かがなぜ起こらなかったのかを理解しようとすることは、方法論的には悪夢でさえある」と指摘している。そして、「核抑止力という考え方は直感的には説得力があるが、一九四五年以降の世界情勢が相対的に平和で安定していたことについては、他にも説明が存在しうるだろう」との見方に立っている(フランシス・J・ギャヴィン「歴史と核時代における未解決な問い」)。

結論から言えば、「第二次大戦後に次の世界大戦が起きなかったのは、核抑止が存在してきたからだ」というのは「解釈」であって、核抑止論の信頼性を裏づけられる定説ではないということである。ウクライナ危機を受けて一段と不確実性が高まる現代において、「この七七年間は核戦争がなかったから、引き続き核抑止に頼ればいい」という論理が今後も強調されるとすれば、安全保障政策として説得力を欠くと言わざるをえない。

「非合理的な判断は想定外」という脆弱性

米国と並ぶ核超大国ロシアのプーチン大統領が国際法、国際人道法を踏みにじる形で軍事侵略をし、しかもその戦争の最中に「核による恫喝のタブー」を破ってしまった。その結果、重大な疑問が世界をかけめぐることとなった。破局を覚悟してまでも核は使用しないという「合理的な判断」の存在を想定した核抑止論は、破滅など恐れずに核の使用に賭ける選択をする非合理的な国・指導者に対しても有効と考えられるのだろうか——。

核戦略研究で知られる米国ランド研究所のエドワード・ガイスト政策研究員はウクライナ危機発生後の論考で、核による威嚇に打って出たプーチン大統領に対して核抑止が機能するのかどうかについて分析した。

核を持つ国の指導者が「合理的な判断」をしない場合にも核抑止は機能するのか。この点については、じつは、多くの核抑止論者が長年にわたって数々の言葉を尽くして立論を試みてきたが、「確固たる解決策を見出すことはできなかった」とガイスト政策研究員はみる。「プーチンが合理的な相手でないとすれば、合理的な人間を抑止する〔ことを想定した〕政策は失敗するか、あるいは裏目に出るかもしれない」との危惧も示している。そして「プーチンは孤立と絶望を深めているが、それでも引き下がらずに、突然紛争をエスカレートさせ、無数の罪のない人々を危険にさらすかもしれない。このような危険な可能性を考慮して、欧米の指導者は最善の展開を期待しながら、最悪の事態に備えた計画を練る必要がある」と注意喚起した。

国際政治学者であるバージニア大学のデイル・コープランド教授は、プーチン大統領の選択が合理的な範囲にとどまるかどうかは、軍事攻撃の目的によるとの見方に立っている。

考えられる目的は、北大西洋条約機構（NATO）拡大などを警戒した国家安全保障上の目的が第一、偉大な指導者として歴史に名を残すのが第二の目的である。ふたつの目的を両方達成しようとプーチン大統領が考えている限りは、具体的な成果をあげることに高い優先順位がつけられ、非合理な核使用にはいたらずに、「核による恫喝」は言葉だけの脅しという結果になるだろうとみている。

しかしながら、エゴの強い指導者は、栄光のうちに倒れるほうが退却より望ましいと考えるようになることがある。コープランド教授は「プーチンが歴史的なロシア帝国の栄光を再現した人物として記憶されるために、こうした軍事的行動を進めているとすれば、非合理的な領域にまで踏み込んでいくかもしれない」と危惧している。

過激かつ不安定な発言が目だった米国のトランプ大統領についても、合理的な判断能力への懸念が示されてきたところである。中国や北朝鮮、インド、パキスタン、イスラエル、さらには核武装した場合のイランが合理的な判断を保ち続けると想定することが現実的な選択なのかとの問題提起もなされてきた。その意味で、合理的な判断の問題は古くて新しい問題である。ただ、プーチン大統領の核による恫喝で核戦争のリスクが「可視化」されたことにより、より切迫した形で判断の合理性をめぐる核抑止論の脆弱性が焦点になったと言えるだろう。長年にわたって未解決だった核抑止をめぐる課題、あるいは解決が困難な課題を直視せざるを得ない段階に入ったということを意味している。

常に相手は合理的な判断をするのか

核抑止で圧力をかけておけば相手が合理的な判断をすると過信することの危うさについては、ウクライナ危機以前から相次いで指摘されてきた。

二〇二〇年に発表された英国王立国際問題研究所（チャタムハウス）の研究報告書は、核に関する意思決定について、常に合理性が支配するとは限らないことを以下のように指摘した。

「合理性についての新しい理解と、ストレスの多い状況や危機的状況において人々が実際にどのように行動する傾向があるかについての研究によって、（a）人々は往々にして一定の、安定した選択傾向を持っていないこと、（b）とくに複雑な状況や危機的な状況では、必ずしも意識されていないが、思考に影を落とす認知バイアス〔偏った思い込みで不条理な選択をする心理現象〕や認知上の制約〔検討するべき仮説があらかじめ制限されている状態〕を受けていること、（c）人間は確率について直観的に把握する能力が低いこと、などが示されている」

ウクライナ危機発生後の二〇二二年に発表された核の意思決定に関するチャタムハウスの研究報告書は、二〇二〇年の研究成果も踏まえながら、「あまりにも長い間、意思決定者は合理的なパラメーター〔を想定して、それ〕にもとづいて政策や戦略を策定してきた。このため、意思決定が合理的におこなわれることを大前提にして、核政策が形成されるにいたった」「知覚、バイアス、システムノイズ〔不確定部分〕、直観に関する分析はほとんど無視されてきた」と指摘したうえで、これらの、合理的なパラメーターでは想定されていない非合理的な要素は「戦略分析に取り入れるべき重要な考察」を要するものと強調している。

人間は一般に常に一定した優先順位を持っているわけではなく、認知バイアスや認知上の制約の影響も受けやすいため、全体としてリスクの把握や評価が不十分になりがちになる。その結果、危機的な状況下では想像以上にリスクのある選択を追求する可能性があるというものである。このような非合理的な要素がプーチン大統領のなかにあればあるほど、NATO側の核抑止は不確実性が高まることになるだろう。

ウクライナ危機を受けて、NATOでも日本でも核抑止強化論が勢いづいている。だがプーチン大統領の（従来の合理性の尺度からすれば）理不尽な核による恫喝でくっきりと浮き彫りになったものは核抑止の強靭性ではなく、核抑止における合理性の信奉にずっと潜んできた脆弱性ではないのか。信頼性の内実がきわめてあいまいで、信頼性の実相などほとんど不可知《ふかち》に近いのが核抑止であるにもかかわらず、国の安全や国民の生命を核抑止にたくすことについての数々の疑問符が、ウクライナ危機後の世界では、これまでにも増して飛び交うことだろう。

リスクの多様化が進む世界

もちろん、核保有国を中心とする核抑止に依存した国が一連のリスクを無視・看過《かんか》しているわけではなく、二〇二二年一月の核保有五か国首脳による共同声明でも、「核兵器国間の戦争の回避および戦略的なリスクの低減がもっとも重要な責務である」と明記されている。戦略的なリスクとは核戦争のリスクを意味しており、これを低減させることは核抑止による安定した秩序と地位の維持をはかりたい核保有国にとって、プラスに作用する。

ただ、実際に核戦争のリスクを低減できるのかは定かではなく、ウクライナ危機後は一段とリスクに対する懸念が強まっている。核抑止に失敗すれば、人間由来の人類の存亡にかかわる危機につながる可能性があるだけに、徹底したリスクの点検と管理、リスクの低減が不可欠だろう。核抑止への依存を継続するならば、それが絶対条件と言っても過言ではないと考えられるが、現実には最善策がとられているとは思えない。そして、そうした現実が核抑止への疑念の拡大や、核使用を防ぐには核廃絶しかないといった意見の増加にもつながっている。

警報下発射態勢

それでは、リスクへの対応の現状はどうなっているのか——。今すぐに抜本的な対応策が求められるにもかかわらず、それが実現していない代表的な事例が、警報下発射態勢の問題である。

第4章で記述したように、警報下発射態勢のもとでは、機器の誤作動や人的ミスなどによって、危険極まりない偶発的な核戦争が起きるリスクが継続的に存在している。しかしながら、冷戦期の対立構造を引きずるような警報下発射態勢について、米ロ間での思い切った緩和や解除などの対応策が実行されるどころか、米ロを追うように、他の核保有国・核武装国でも警戒態勢の強化がはかられる傾向さえ見られる。

これに関連して懸念されるのは、中国の動きである。中国は核弾頭とミサイルを切り離して別の場所に保管しており、即時発射の態勢を採用していないとみられてきた。その基本方針が変更されたとの発表はないものの、米戦略軍司令官が「核戦力の一部を警報下発射態勢に移行し、限定的な「厳戒態勢」戦略を採用していることを示唆する証拠が増えている」と連邦議会上院軍事委員会公聴会で証言するなど、米国内での警戒感が強まりつつある。

ふたつの宣言

警報下発射態勢を過去のものにできない状態で、次善《じぜん》の策として考えられる政策が、核先制不使用宣言と、「唯一の目的」宣言である。

前者は文字どおり、相手が先に核攻撃してこない限り、自分は核兵器を使わないという宣言である。後者は、核兵器保有の目的は相手の核使用を抑えることのみであり、核を先に使うために保有するものではないという趣旨の宣言である。両者は異なるとの見方もあるが、実質的には同様であるとの見方のほうが多いと考えていいだろう。

いずれの宣言にせよ、米国は通常戦力が他国よりも優位な時代にあるいま、このふたつを宣言して一歩前へ踏み出し、核先制使用のリスクを低減することで指導力を発揮すべきだろう。

クリントン政権の時代に、同盟国であるドイツやカナダがＮＡＴＯとして核先制不使用を宣言するよう求めたが、米国が首を縦に振らずに見送られた。

オバマ大統領は核先制不使用宣言と、「唯一の目的」宣言に強い関心を持ち、核政策の基本原則に組み込もうとしたが、米国内外の慎重・反対論にあって明確な宣言は見送られた。バイデン大統領は「唯一の目的」宣言を核政策の基本原則に加えることを事実上、公約として実現をめざしたが、やはり米国内外の慎重・反対論を乗り越えることができずに、見送られた。

それどころか、日本はオバマ、バイデン両政権の試みの際、慎重・反対論を米国に発信する動きを見せ、核リスクを低減する意識の低さを露呈した。第6章にあるように、北東アジアで数々の「核使用想定ケース」が考えられるなかで、米国による拡大核抑止（核の傘）の強化を意識するあまり、自らの生存を守ることにも役立つ選択肢を自らつぶす方向へ進んでしまったのである。

新興技術による新たなリスク

第5章において、「核戦争の発生リスク」を高め、核戦争誘発の危険も高める要因としてサイバー攻撃、宇宙兵器の進化・普及や、核・通常戦力両用のミサイル開発競争、AIの核兵器システムへの導入拡大などをとりあげた。では、こうした新たなリスクにどう対応しようとしているのだろうか。

新興技術の多くは民生用(とくに商業目的)としての研究開発が先行し、世界各地に広まっていく。うまく活用すれば、人間の幸福や国際社会の安定にも大いに貢献できることは言うまでもない。だが、民生用と並行して軍事応用も進んでいくというプロセスが、現在も進行している。そこで、新興技術のプラスの作用を活かしながら、核リスクを高めるマイナスの作用をどう抑えるかが重要な課題となる。

こうした新興技術の特性を踏まえてのことだろう。新興技術と核リスクに関する国際専門家会合のスピーチにおいて、中満泉・国連事務次長は二〇二〇年に「私たちの世界を再定義するような変革的技術の多くは、軍縮、不拡散、軍備管理の目標に資するという意味も含め、圧倒的に有益な用途を持つ」と、まずは新興技術の効用面を指摘した。

しかし、続けて以下のような認識を示した。

「残念ながら、科学技術の発展を兵器に応用しようとする絶え間ない努力は、既存のリスクを高め、核兵器使用の可能性を高めるなど、新たなリスクを生み出している」「これらの開発は、信頼と透明性の低下、協力よりも競争を好むという特徴を持つ国際環境の産物であると同時に、それを悪化させている」「総じてみると、さまざまな技術の発展は予測可能性、理解の共有、信頼をそこなっており、しかも、誤認、軍拡競争、誤算による〔核戦争への〕エスカレーションの可能性を高めている」

二一世紀に入って直面している、こうした「核戦争の発生リスク」に対応していくには、核保有国、非核保有国も含めて国際社会として対応を模索していく必要がある。しかし、この点について中満事務次長は「サイバーやAIなど、個々の技術や領域がもたらす課題に取り組む政府間イニシアティブがある一方で、核兵器関連のフォーラム〔核不拡散条約（NPT）再検討会議やジュネーブ軍縮会議など〕では、技術と核リスクの交わりを議論しておらず、透明性の低下と誤認の〔高まる〕風潮に拍車をかけている」と指摘している。

ロンドン大学キングス・カレッジの研究グループは、二〇二一年に核リスクと新興技術の関連に関する研究報告書をまとめた。そのなかでは「核政策は、新興技術に追いつくのに苦労している。多くの政策立案者や専門家は、新興技術が核使用のリスクを高めることに同意しているものの、〔既存の〕多国間組織は、問題の複雑さとすでに山積している課題で手いっぱいなために、新興技術というテーマへの取り組みが遅れている」「核リスクは高まっているにもかかわらず、核保有国と非核保有国が協力して核リスク低減を進展させるための明確な道筋が示されていない」などの問題点が次々に指摘されている。

中満事務次長、キングス・カレッジの研究グループとも現状認識、問題認識は共通している。さまざまな新興技術の軍事応用で核リスクの高まりが懸念されるのが現状であるにもかかわらず、その対応に必要な国際協調や協議・交渉の場や枠組みが定まっていないのは深刻な事態であり、それが現実であるということである。

核抑止依存への疑念が拡がる

新興技術がもたらす「核戦争の発生リスク」の拡大基調を大きく変えることができなければ、核抑止への疑念の拡大は避けられないだろう。

第6章では、北東アジアの「核使用想定ケース」について記述した。世界でも屈指の核のハイリスク地域となった北東アジアで、どのように「核戦争の発生リスク」を減らしていくかは待ったなしの課題であるが、現実には特筆すべき対策が繰り出されていないのが実情だろう。

中国が警報下発射態勢に移行していけば、さらにリスクは高まると考えられるが、先述のように日本などの消極的な姿勢もあって、米国の核先制不使用宣言、「唯一の目的」宣言とも実現していない。中国は現在まで核先制不使用を公式な立場だと繰り返してきている。米中間の信頼醸成、中国の透明性拡大に資する形の合意をつくる機会を拡げるうえでも、対中に限った核先制不使用宣言を米国が採用して、米中が共有する基本方針にしていくことも検討すべきだろう。

核抑止依存の拡大で中国や北朝鮮、さらにはロシアの核抑止に対抗すればするほど、「核戦争の発生リスク」もほぼ自動的に連動して拡大していく恐れがある。そうした自縄自縛《じじょうじばく》に突き進んでいくようだと、北東アジアでも日本でも核抑止依存が拡大することへの疑問符も増えていくだろう（拡大核抑止と日本の課題については、第8章でより詳しく記述する）。

核抑止の脆弱性が顕在化しているうえに、新興技術の軍事応用で多様化が加速する核リスクへの対応がとても追いつかない現実――核抑止がさながら、火のついた車に載せて運ばれる火薬箱のように見えてくる。

核戦争の結果と「不都合な真実」

次に、「核戦争の結果リスク」に焦点を合わそう。核爆発が起きれば、爆風、熱線、放射線の影響によって、爆心地付近で甚大《じんだい》な被害が出るのは避けられない。加えて、風や雨で遠隔地に運ばれる放射性降下物で広域な汚染が多くの人の生活や自然環境を襲うことも抑えられないだろう。それだけでも核兵器は非人道的な兵器だが、世界各地に長期間にわたって多様で大規模な被害をもたらす地球寒冷化も、きわめて非人道性の高いリスクと言えるだろう。

核戦争による地球寒冷化が深刻な惨状をもたらすことが科学的な定説になってしまうと、核抑止依存派にとっては、じつに「不都合な真実」となる。冷戦時代に「核の冬」論が提唱されて以来、この状況は変わっておらず、科学者たちの地球寒冷化に対する警鐘に対して、科学的論証が不十分である、寒冷化の要因を高く評価し過ぎているなどの反論が試みられてきた。

気候変動モデルにもとづいたコンピューターシミュレーションによる分析結果であり、不確実性をともなうのは避けられない。懸念されるのは、科学的な見方がわかれている状態や、結論のあいまいさが解決しない状況を、結局、安易に核抑止の温存に利用されることである。「すべての人類の安全保障」にもかかわる事象について、国際社会のコンセンサスを得られるような研究プロジェクトを立ち上げて、科学論争に一定の整理をつけることが必要である。

地球寒冷化がさほど心配ないと想定するのならば、核抑止の正当性を強調する側に、その

「立証責任」があると考えるべきだろう。

米国のカーネギー国際平和財団のジョージ・パーコビッチ副理事長は、米国、ロシア、中国、インド、パキスタンなどの政府がそれぞれの核戦争計画にもとづいて環境や気候、農業への影響を研究して、機密解除できる範囲でその結果を公開すべきだと提案している。公開された研究データにもとづいて国際的な研究者グループが寒冷化は無視できる程度のものだと判断すれば、それは核抑止依存派にとって大きなプラスになる。逆の結果が出たとすれば、核保有国・核武装国が「核戦争の結果リスク」にもっと真摯に向き合うよう求める声が一気に強まり、核抑止は守勢に立たされることとだろう、との意見である。

従来と変わらず、核保有国・核武装国が「核戦争の結果リスク」に正面から向き合わない姿勢を継続するだけだと、「すべての人類の安全保障」を深く懸念する核兵器禁止条約(TPNW)支持派、多くの非核保有諸国は不信感を強めるだろう。核抑止に依存する国のなかにおいては、核抑止に頼り続けることへの疑問を膨らませる要因となり、核抑止の正当性が改めて問われる事態に展開することも考えられる。

核抑止は、それが失敗して核戦争になってしまったときの「核戦争の結果リスク」も含めて評価されるべき時代に入りつつある。それは核抑止に依存する国が、核抑止の信頼性だけでなく、予想されるリスクや、核抑止が失敗したときの結果責任を問われる時代への移行過程にあることも強く示唆している。

「戦略的安定」とは

第3章で記したように、ウクライナ危機で核軍縮は一段と混迷を深めることになった。他方で、米国とその同盟国は、少なくとも短期的には核抑止への依存を強める傾向にある。そうしたなかにあって忘れてはならないのは、核抑止の重要な使命は、いわゆる「戦略的安定」の確保であるという点だ。（核抑止の是非はひとまず横におくとして）「戦略的安定」を達成できないような核抑止政策の展開は、核抑止本来の使命からそれた道を進んでいると言えるだろう。

「戦略的安定」とは何か——。定義は複数あるが、ここではより一般的に使われている狭義の定義にもとづいて考えていくことにする。

その狭義の解釈によると、「戦略的安定」は、①「危機についての安定」＝核保有国の核兵器に関連する態勢、能力、ドクトリンが危機において核兵器の先制使用を動機づけないこと、②「軍備競争についての安定」＝核保有国が互いに報復能力の維持を確証しており、核兵器の増強によって相対的な地位を向上させないこと、の二本柱からなっている。

では、「危機についての安定」と「軍備競争についての安定」の組み合わせで確保しようとするのは、どのような「安定」なのか。

カーネギー国際平和財団のジェームズ・アクトン共同研究部長によると、抑止による関係は、「危機の際に敵対国が核兵器を先制使用するかもしれないという懸念を抱いているとしても、いずれの当事国も自国の戦力態勢を変更する動機がない場合に、または〔変更の必要性を〕認識していない場合に安定する」ものである(James Acton, "Reclaiming Strategic Stability")。

敵対国間では核兵器で先制攻撃されるリスクは常に存在するものの、そのリスクに反応して核先制攻撃の危機を高めるような戦力態勢に変更する心配が低い状態で、安定が確保される。そして、そのような安定が、核抑止が求める「戦略的安定」ということになる。

軍備管理をともなわない核抑止

「戦略的安定」の確保の手段である「危機についての安定」と「軍備競争についての安定」の目的は根本的にはひとつである。その目的とはお互いの核の先制使用を防ぐことである。したがって、「危機についての安定」では、核使用の選択が切迫した状態の危機のときであっても、核先制攻撃能力を高めるような戦力態勢への変更〔自国の戦略核ミサイルの発射準備命令、相手の核兵器システムを混乱させる攻撃など）に進まないことが重要なポイントになる。「軍備競争についての安定」では、核攻撃能力、とりわけ核先制攻撃能力を高めるような戦力を敵対国間で規制して、できるだけ保有数や軍事費などを抑えて安定を得る試みが生命線であり、軍備管理・軍縮が枢要《すうよう》な手段となる。

言い方を変えると、核抑止が求める「戦略的安定」を確保するには、軍備管理・軍縮で核攻撃能力を規制し、核戦争の危機が迫ってきたときには外交的な手段を駆使して、敵対国がお互いに核先制使用に近づくような戦力態勢への変更をおこなわないようにすることが重要課題となる。「危機についての安定」の確保のためにも、「軍備競争についての安定」が必要であり、そうした視点からも軍備管理・軍縮の役割が大きいのである。

「戦略的安定」において、軍備管理・軍縮の役割の重みを強調することは本旨ではなかったことだろう。しかし、国連の中満事務次長の二〇一七年の次の言葉は見事に、「戦略的安定」における軍備管理・軍縮の重要性をついている。

「核を持つ諸国は、軍縮の第一の受益者である。核保有量を減らしたり、警戒レベルを下げるための措置をとったり、事故による核使用のリスクを軽減したりすることで、相互の信頼性を高めることができる。技術的に進んだ新型核兵器の開発を抑制する対策は、高額な新型核兵器の開発競争を防ぐことができる。先制攻撃を目的としたさまざまな武器の廃棄を促進することで、危機の最中であっても安定性を高めることができる」「軍事力の絶え間ない進歩と武力紛争の特質を鑑みると、核軍縮で不作為を続けることは、〔安定した〕現状維持の確保を意味するものではない。軍縮に関する不作為は、不安定な世界につながる」

そうであるにもかかわらず、核抑止依存を強める方向に偏った選択をして、軍備管理・軍縮で新たな突破口を見出すことに真剣に取り組まない核保有国とその同盟諸国。こうした状態が長引けば長引くほど、「戦略的安定」から遠のくことになり、それが核抑止の脆弱化に拍車をかけることにもつながっていく。

軍備管理・軍縮による「戦略的安定」を失ってしまったときの核抑止は、本章で記してきた核抑止の弱みや危険性と相まって、「核抑止でこそ国際社会の秩序を守れる」という言葉の説得力を一段と力ないものにしていく。

第8章　核抑止での日本の役割

「お任せ核抑止」から、「自分もかかわる核抑止」へ

日本の防衛政策は主に、憲法第九条の範囲内での日本の自衛隊による防衛と、日米安全保障条約による米軍の日本防衛の二本柱で構成されている。『防衛白書』（二〇二一年版）は、その日米安保について以下のように記載している。

「日米安保条約第五条の規定に基づき、わが国（日本の施政権下にある地域）に対する武力攻撃があった場合日米両国が共同して対処するとともに、同第六条の規定に基づき、米軍に対してわが国の施設・区域を（米軍基地用に）提供することとしている。この米国の日本防衛義務により、仮にどこかの国がわが国に対して武力攻撃を企図したとしても、自衛隊のみならず、米国の有する強大な軍事力とも直接対決する事態を覚悟しなければならなくなる。この結果、相手国は侵略を行えば耐えがたい損害を被ることを明白に認識し、わが国に対する侵略を思いとど

まることになる。すなわち、侵略は抑止されることになる」

第二次大戦後に日本の主権を回復させたサンフランシスコ講和条約の署名にいたったその日（一九五一年九月八日）に、日米安保条約も署名された。

日米安保条約は一九六〇年に改定されて、日米の共同対処が明記され、現在にいたっている。概観すると、①米国は日本の防衛で共同対処するが、憲法第九条を持つ日本は米国への同等な防衛義務は負わない、②他方で日本は、米軍基地用の施設・区域を提供して米軍の抑止力や軍事活動を支える、③在日米軍の使用目的には、日本の安全だけではなく、「極東における国際平和及び安全の維持」に寄与すること（極東条項）も含む、という基本構造になっている。

太平洋戦争の勝者と敗者の二国間安全保障条約。世界最強の軍事力を持つスーパーパワーと憲法九条を持つ国の二国間安全保障条約。戦争で唯一、核兵器を使用した国と唯一の戦争被爆国の二国間安全保障条約。いくつもの意味で類例のないのが日米安保条約であるが、この条約にもとづく日米の安保体制の歴史のなかで、日米間の「相互運用性」拡充、日本の「役割分担」拡大を進め、同盟強化をはかってきたと言えるだろう。

「防衛白書」（二〇二二年版）では、「特に」として、宇宙領域やサイバー領域などにおける協力、総合ミサイル防空、共同訓練・演習のほか、共同のＩＳＲ（情報収集・警戒監視・偵察）活動及び日米共同による柔軟に選択される抑止措置の拡大・深化、共同計画の策定・更新の推進、拡大抑止協議の深化、などをはかるとしている。これらに加えて、米軍の活動を支援するための後方支援、米軍の艦艇や航空機などの防護といった取り組みを「一層積極的に実施する」など、じつに広範な協力が盛り込まれている。

懲罰的抑止と拒否的抑止

日米間の拡大抑止の枠組みのなかにおける「相互運用性」「役割分担」の拡充は、主として通常戦力の分野のものであるが、近年は拡大核抑止（核の傘）の分野でも変化が進みつつある。

核抑止には大別して、二種類の抑止手段がある。

第一は「懲罰《ちょうばつ》的抑止」である。もし相手から核攻撃を受けたら、核報復で相手に耐えがたい打撃を与えると威嚇《いかく》し、核攻撃を断念させるものだ。威嚇によるこうした核抑止は、「懲罰的抑止」に属するものである。

第二は「拒否的抑止」で、相手の核攻撃能力を物理的に阻止する兵器をもって、相手に目的を達成できないと思わせることで核攻撃を断念させるものだ。相手の弾道ミサイルを迎撃するミサイル防衛は、この「拒否的抑止」に属する兵器である。

佐藤栄作首相(当時)が一九六八年の国会答弁で、日本がアメリカの核抑止力に「依存」しているとの考えを示すとともに、米国の核抑止力については、「どんな核兵器かわからない」とし、日本は米国の核戦略には「関与していない」と説明したことに象徴されるように、冷戦期は「お任せ核抑止」の色彩が濃かった。それが近年、大きな変化を遂《と》げつつあり、「懲罰的抑止」と「拒否的抑止」の両方で、日本の存在感を高めてきている。換言すると、「お任せ核抑止」から、「自分もかかわる核抑止」へと傾斜しつつある。

ミサイル防衛

日本が兵器システムを相互運用する形で「拡大核抑止」に参画するようになった事例は、自衛隊へのミサイル防衛システムの配備である。

日本に向けて弾道ミサイルが発射された場合、海上自衛隊のイージス艦と航空自衛隊のPAC-3(地上配備型)の迎撃システムで飛来する弾道ミサイルを無力化する仕組みとなっている。イージス艦は弾道ミサイルが大気圏外を飛行する段階(ミッドコース段階)で迎撃し、そこを通り抜けた弾頭については大気圏に再突入したあとの最終段階(ターミナル段階)で、PAC-3によって迎撃する多重方式である。主として核武装した北朝鮮を念頭において、日本に飛来する弾道ミサイルや弾頭を迎撃するのが目的となっている。

日米安保体制下の「懲罰的抑止」は主として米国が担っているが、「拒否的抑止」については自衛隊が米国のミサイル防衛システムを導入して、実質的に核抑止の一翼を担うようになっているのである。拡大核抑止全体のうちの「拒否的抑止」の側面ではあるが、自衛隊が拡大核抑止の当事者となったとも言えるだろう。

自衛隊の弾道ミサイル防衛システムは日本の「役割分担」と日米の「相互運用性」向上にも直結しており、二〇二二年二月の日米合同のミサイル防衛訓練では、「日米の強固なミサイル防衛網を構築すべく、戦術技量の向上と連携の強化を図り、相互運用性を向上させる」ことが主たる目的のひとつと説明されている（防衛省ウェブサイト）。

懸念される悪影響

こうして拡大核抑止に日本が自らかかわりを深めるようになったが、ミサイル防衛については当初から、効果に期待する意見とともに、悪影響を懸念する意見が少なからず存在した。

第一は、攻撃システムに対抗して防衛システムを配備すると、「矛《ほこ》」である攻撃兵器を持つ国が、防御兵器の「盾《たて》」を突き破るための新型ミサイルを開発して、「拒否的抑止」の効果を下げようとする動きに出ることである。その結果、日本がさらに「盾」の強化で対抗しようとすれば、「矛」がそれを克服しようと自らの強化をはかって、「矛」と「盾」の間の軍拡競争の加速につながるような事態が、当初から懸念されてきた。

第二は、「盾」を突き抜ける「矛」の能力強化のほうが、それを防ごうとする「盾」の能力強化よりも、技術的にもコスト面でも進めやすい傾向がある点だ。場合によっては、「矛」と「盾」の間の軍拡競争の結果、「盾」のほうが不利に追い込まれる展開となりうる。世界のほとんどの国がミサイル防衛システムに本腰を入れないのは、この点が大きな要因となってきた。

第三は、日本としては、ミサイル防衛による「拒否的抑止」の相手として主に北朝鮮を念頭においているとしても、周辺の核保有国である中国やロシアが、自分たちの核戦力への迎撃能力を高めるものだと受けとめることも指摘されてきた。現に中国、ロシアとも日本のミサイル防衛に懸念を示しており、この両国と日本の間での「矛」と「盾」の軍拡競争の加速につながるような事態をどう防ぐかが、大きな課題である。

第四は、ミサイル防衛能力の強化によって、核先制攻撃能力・態勢を強めようとしているのではないかとの懸念を周辺諸国が抱きかねない点である。より具体的には、日本が「盾」の能力を高度なものにすれば、仮に米国が相手に核先制使用をしても、その相手方の核報復による被害を抑えられる確率が高まるので、核先制攻撃の確率も高まるのではないかとの不信感が強まりかねない。それが現実のものとなれば、ここで記した第一、第三の懸念が深まることにもつながりうる。

現実化する懸念

「相互運用性」「役割分担」の拡充を通じた日米同盟の強化という文脈では、自衛隊配備のミサイル防衛システムが一定の成果をあげてきたと考えられる。だが、その一方で、懸念された事態が現実化しつつあるのも、否定できない。

『防衛白書』(二〇二〇年版)からも、その状況が読みとれる。弾道ミサイルの多様化に加えて、北朝鮮は「他国のミサイル防衛網を突破することを企図」して、「低高度を変則的な軌道で飛翔する弾道ミサイル」の開発を進めている可能性がある。また、これまでのミサイル発射実験のなかで、「通常よりも高い角度で高い高度まで打ち上げる、いわゆるロフテッド軌道と推定される発射形態」が確認されており、「一般論として、ロフテッド軌道で発射された場合、迎撃がより困難になると考えられる」との見方を示している。

中国はどうか。「ミサイル防衛の突破が可能な打撃力を獲得するため、弾道ミサイルに搭載して打ち上げる複数モデルの極超音速滑空兵器の開発を急速に推進している」とみられ、極超音速滑空兵器を搭載可能なミサイルが二〇一九年の建国七〇周年軍事パレードに初めて登場した。極超音速滑空兵器は超高速で低高度を飛行するうえ、高い機動性を備えていることから、「ミサイルによる迎撃がより困難」とされている兵器である。

ロシアも、ミサイル防衛への対抗手段を意識したと考えられる方針を次々と打ち出してきた。プーチン大統領は二〇一九年に優先事項として、「ミサイル防衛システムの突破能力が強化された近代的な戦略核戦力の必要性」に触れ、極超音速滑空兵器「アヴァンガルド」を量産していく方針を示した。またプーチン大統領は同年、「最高速度約マッハ九で一〇〇〇キロメートル以上の射程を持つとされる海上発射型の極超音速巡航ミサイル「ツィルコン」を開発中である」ことも、初めて明らかにした(以上、「防衛白書」(二〇二〇年版)による)。

近隣の核保有国・核武装国の一連の動きをみると、(米国による弾道弾迎撃ミサイル(ABM)制限条約の廃棄も作用していると考えられるので)すべてを日本のミサイル防衛の影響と断言できないにしても、先の第一―三で懸念が示された事態が現実味を帯びつつある。こうしたミサイル防衛に影響をおよぼす周辺での動きを意識して、防衛省は「極超音速兵器などを始めとする新たな脅威が出現している中」で、「センサーやシューターの能力を高めていくほか、ネットワークを通じて、ミサイル防衛用の装備品とその他防空のための装備品を一体的に運用する「総合ミサイル防空」強化のための取組み」を進めることで対応する方針を示している。

だが、北朝鮮だけでなく、中国、ロシアも巻き込んだ「矛」と「盾」の間の軍拡競争は、日本を取り囲む核リスクを本当に下げていくことになるのか。悪くすれば第四の懸念まで現実味を帯びてくるような事態へと転がり落ちていく恐れはないのか。ミサイル防衛のプラス面だけでなくマイナス面のリスクも、できるだけ客観的に評価していく作業が不可欠だろう。

「懲罰的抑止」でのかかわりが拡大する

「拒否的抑止」のケースのように可視化された形ではないが、日本は二〇〇〇年代に入ってから、「懲罰的抑止」においても米国と意見交換し、日本の考えを伝える機会が増えてきている。冷戦期は先の佐藤首相の国会答弁に象徴されるように、「お任せ核抑止」の色彩が濃かったが、近年は大きな変化を遂げつつある。「懲罰的抑止」に関しても「お任せ核抑止」から、「自分もかかわる核抑止」へと傾斜しつつあるのである。

たとえば、オバマ政権が二〇一〇年にまとめた「核態勢見直し」(NPR)の作成過程での日米のやりとりである。オバマ政権は、海上配備の巡航ミサイル(トマホーク)を退役させる方針だったが、日本のなかで拡大核抑止の手段が減ることへの不安や不信を誘発しないよう、日米で意見交換がおこなわれた。

ＮＰＲ策定の経緯にも詳しいモートン・ハルペリン元米国国務省政策企画局長によると、「ＮＰＲ策定に際して、日米両政府が〔中略〕〔米国が〕ＮＡＴＯ〔北大西洋条約機構〕の同盟国と〔したのと〕同様に、広範かつ細部にわたって率直な意見交換を行なった」。トマホークの退役問題については、「協議当初、日本政府の内部には、この問題をめぐって様々な意見が存在したが、しかし最終的には、緊密な意思疎通と米国の抑止力の維持を前提とした日本側の同意により、このいくぶん時代遅れの兵器の廃止が決定された」「米国もまた、核抑止を目的とする爆撃機などの様々な兵器構成の維持を明確に打ち出すことで、これに〔日本内部のトマホーク退役への懸念に〕応答した」と振り返っている（日本国際問題研究所「『拡大抑止』に関する意見交換会」の議論要旨）。

それから六年たった二〇一六年に、オバマ政権内部で、二〇〇九年の「プラハ演説」に関連する課題を洗い直して、大統領に選択肢を提示する作業がおこなわれた。核先制不使用やその他の宣言政策の変更が選択肢に入っていた作業文書を国家安全保障会議が作成し、関係の政府機関にコメントを求めるために回覧した。宣言政策の変更に異を唱えていた関係者が動いたのだろうか。政府内回覧用のその作業文書がリークされてしまい、『ワシントン・ポスト』紙は、米国政府が核先制不使用宣言を検討中とのニュアンスで報じた。

　二〇一〇年のNPRの策定にあたっては、核兵器の保有は相手の核使用を抑えることが目的であるとする「唯一の目的」の文言をどのように記載するかも重要な課題のひとつだった。オバマ大統領は、核先制不使用とほぼ同義の「唯一の目的」を米国の宣言政策として位置づけたい意向を持っていたとされるが、日本を含む米国の同盟国内には慎重・反対論が根強かった。結局、NPRには宣言政策としては採用されなかった。

　二〇一六年の段階でも、同様の構図だった。日本政府内でも引き続き、核先制不使用や「唯一の目的」の宣言に対しては慎重・反対論が大勢だった。その影響だろう。二〇一六年の作業にかかわった元米政府高官は、この報道の後に当時の安倍政権の首相官邸から、核先制不使用に反対する電話がかかってきたと語っている。

　日本が核先制不使用や「唯一の目的」の宣言の受け入れに難色を示してきたのは、いわゆる「安定―不安定パラドクス」に陥るのを防ぐためとの説明もある。「安定―不安定パラドクス」とは、核の相互抑止がもたらす「安定」化の一方で、非核戦力による紛争への敷居が低くなって「不安定」化を招くという逆説的な状況をさしている。核先制不使用や「唯一の目的」を宣言してしまえば、相手の非核戦力使用に反撃する形での核の使用がきわめて困難になり、その結果として「安定—不安定パラドクス」に陥りかねないとの懸念から、日本政府はこうした宣言を回避してきたとの説明を、安全保障の専門家から耳にする。

実際に日本政府の方針がどこまで「安定—不安定パラドクス」を根拠にしたものかは見定めにくいが、この考え方から米国の核先制不使用や「唯一の目的」の宣言に待ったをかけたとしても、それはやはり、懲罰的な拡大核抑止の領域で日本が米国の政策へのかかわりを強めたことを示唆する事例と言えるだろう。

日米間の拡大核抑止

以上は例示的なものでしかないが、これだけでも明確なように、「懲罰的抑止」と「拒否的抑止」の両面において、拡大核抑止をめぐる日米間の意見交換、連携強化が進んできている。しかも、「懲罰的抑止」と「拒否的抑止」のいずれにおいても、日本側の要請が強いことを背景に意見交換などが進められてきている。日本側の意図としては、拡大核抑止において日本の役割、かかわりを拡大していくことで、日米同盟の強化、拡大核抑止の信頼性の確保をめざしてきたと考えられる。北朝鮮が核・ミサイル実験を繰り返し、中国が核戦力も通常戦力も増強する安全保障環境のなかで、拡大核抑止においても「相互性を発展」させ、それを通じて中国、北朝鮮への対抗手段を強化する戦略とみられる。

ただ、「お任せ核抑止」から、「自分もかかわる核抑止」へと傾斜していくことは、万が一、核戦争になってしまった場合に日本としてどう対応するかを、検討しておかなければならない立場に自らを導いていくことも意味している。そこで以下において、拡大核抑止において当事者意識を高めつつある日本にとっての課題を考えてみることにする。

国際人道法上での問題点

「自分もかかわる核抑止」へと傾斜する日本にとって、いくつかの重い課題への対処が避けて通れない問題になってきている。まずは、国際人道法と拡大核抑止に関する課題である。

国連憲章は自衛権にもとづく武力行使、国連安保理決議にもとづく強制措置としての武力行使を合法とみなしているが、原則として武力行使は違法である。しかも、国連憲章上は違法ではない武力行使であっても、戦闘の方法と手段が無制約に容認されているわけではない。国際法のなかには国際人道法（あるいは武力紛争法）と呼ばれる分野の国際法があり、戦闘の方法と手段を主として規制している。

国際人道法は慣習法と条約法からなり、前者はすべての国を拘束《こうそく》し、後者は締約国を拘束する。条約法では一九四九年のジュネーブ四条約(傷病兵、難船者、捕虜、文民の保護を目的)および一九七七年の第一追加議定書(過度の傷害または無用な苦痛を与える兵器の使用や文民および民用物に対する攻撃などの禁止)が代表的な存在である。条約法で定められた国際人道法の規則の多くは、慣習法の規則を反映している。国際人道法違反に該当する個人を裁く国際刑事裁判所(ICC)も、二〇〇二年に設置されている。

国際社会での「法の支配」を外交の重点項目のひとつにおいている日本は、ジュネーブ四条約、第一追加議定書に加入しており、仮に日本が武力行使をする場合には、これらの条約を遵守する必要がある。日本はICCを設置した「ローマ規程」にも加入している。

大きな問題は、これらの国際人道法は核兵器の使用の際にも適用されるのかどうか、拡大核抑止にどのように影響するのかである。

まず米国だが、第一追加議定書を批准《ひじゅん》していない。一連の国際人道法を意識した核戦略を立てているとされるが、最終的には戦争遂行の際のフリーハンドをできるだけ確保しておきたいとの考えから、軍事作戦を進めるうえで法的な拘束を最小限に抑える立場を維持している。

欧州の米国の同盟諸国はどうか。核保有国である英国とフランスは第一追加議定書の締約国になるのに際して、核兵器の使用については適用されないと宣言した。

また英国、フランス、ドイツ、イタリアは同議定書に違反するような自国の文民に対する攻撃があった場合には、「復仇《ふっきゅう》」(国際法上違法な攻撃を受けた国が、加害国にそれを中止させるために実行する反撃)をおこなう権利は否定されないと宣言している。こうした宣言がどのような法的な意味を持つのかという議論は続いているが、宣言の政治的意図を考えると、核保有国の英国とフランスは自国の核抑止力への影響を、NATOの非核保有国であるドイツとイタリアは拡大核抑止力への影響を配慮して対応したと言えるだろう。

では、日本の場合はどうか。加入を判断した際に、拡大核抑止との関連をどの程度まで深く吟味したかは定かではないが、記録からはっきりしていることは、核兵器の使用にかかわる規則に留保をつけずにジュネーブ四条約や第一追加議定書に加入した事実である。

日米間の差

ここで、日米間の差にどう対応すればいいのかという課題が浮かび上がってくる。核兵器の使用にかかわる第一追加議定書の規則について、米国は法的に拘束されないが、同盟国の日本は「留保」の宣言はなく、法的に拘束を受ける立場をとっている。日本はICCに加入しているが、米国は非締約国である。「自分もかかわる核抑止」へと傾斜している日本は、この状態をどう評価し、対処していくのだろうか。

たとえば何らかの安全保障上の事由から、日米安保にもとづいて米国が日本と協議のうえで、核を持つA国による日本への核攻撃に対して米国の核で反撃したとする。日米協議で日本が同意した軍事目標への核反撃で、過度の傷害または無用の苦痛を与えてしまった場合や、付随的ダメージが大きくて無差別攻撃の状態になってしまった場合など、第一追加議定書に違反するような結果にいたった際には、核先制攻撃への反撃の結果であっても、日本も法的責任を完全にスルーするわけにはいかないだろう。

また、このケースのように、核による反撃の意思決定に深く日本がかかわっていた場合には、第一追加議定書違反の疑いのある行為について、日本が締約国であることからICCの検察官が捜査を開始することも十分に考えられる。捜査しだいでは、意思決定にかかわった日本政府の幹部が戦争犯罪に問われる可能性も否定できないだろう。

別の角度から考えるために、米国が核兵器による反撃を日本に持ちかけた場面を想定してみよう。戦争犯罪に問われるリスクも考慮し、国際人道法の観点にもとづいて日米協議の際に米国が提示してきた核攻撃作戦に日本側から注文をつけたり、異議を唱えたりすることが実際に可能だろうか。最終的にはフリーハンドを重視する米国と、第一追加議定書の義務に拘束される日本との間にギャップが生じてしまえば、緊急事態の最中の同盟関係に深刻な影響を与えかねないのではないか。

先ほど記したように日米安保条約は、戦争で唯一、核兵器を使用した国と唯一の戦争被爆国の安全保障条約である点など、さまざまな意味で類例のない二国間安全保障条約であるが、国際人道法上の「非対称性」も日米安保体制の大きな特徴である。

いくら核使用にいたるような国家安全保障上の非常事態であるとしても、国際人道法違反を無視することは許されない。国際人道法を重んじていくことは、数々の悲惨な戦禍を経て人間社会がたどり着いた歴史的な答えである。

だからこそ、ウクライナ侵略におけるロシアの残虐行為や民間施設攻撃などに対して、国際人道法違反にあたるとの厳しい批判が浴びせられている。ロシアの行為への責任追及はきわめて重要であり、ウクライナなどの求めに応じて、ICC検察官が捜査にも着手している。デュー・プロセス(適正な手続き)に従って捜査や公判が進められ、戦争犯罪の真相を解明したうえで、適正な法の裁きを受けさせるべきである。「法の支配」を重視する日本も、ICCの動きを基本的に支持してきている。ルールにもとづく国際秩序づくりにとって意義のあるアプローチであり、今後も日本としては国際人道法を活用する方策を模索すべきだろう。

そのように考えると、米国が提供している拡大核抑止のもとで核使用が現実の課題として持ち上がった際に、日本はどう判断するのだろうか。日米安保体制における国際人道法上の「非対称性」に、どのように対応していけばいいのだろうか。二〇〇〇年代に入って、「自分もかかわる核抑止」へと傾斜してきた日本の新たな重い課題である。

米国の核使用への同意

国際人道法に関する問題は重いが、ひとまず横において、次の課題に話を移そう。「自分もかかわる核抑止」へと傾斜している日本ではあるが、実際に日本の領域内への核攻撃に対して米国が核で反撃する場合、米国はどの程度、日本の意見を尊重するのだろうか。そもそも唯一の戦争被爆国日本は、核攻撃された場合に核で反撃することを米国に同意したり、あるいは要請したりすることを「決意」できる国なのだろうか。そこについて、国民的な合意を形成できるのだろうか。

まず、大前提として確認しておく必要があるのが、核の使用・不使用に関しては、拡大核抑止の提供国である米国が最終決定権を持っている点だ。日本の国内の米軍基地を利用して核攻撃する場合があるとすれば、日米安保条約にもとづいて「事前協議」の対象になる公算が大きいが、米国の領域や公海から核攻撃する場合には、この対象にはならないだろう。

とはいえ、現実には、拡大核抑止に関する核使用であれば、「日本国の安全又は極東における国際の平和及び安全に対する脅威が生じたときはいつでも、いずれか一方の締約国の要請により協議する」と定めた日米安保条約第四条に沿う形で、日本との間で何らかの協議があり、日本の意見を伝える機会があると考えられる。

では、米国から核使用について意見を求められた場合、日本はどう答えるべきなのか。さまざまなシナリオが考えられるが、ここでは例示的に、核による反撃と核先制攻撃のふたつのケースを素材に課題を考えてみる。

最初は北朝鮮に対して核で反撃するケースを想定してみよう。たとえば、第６章で記した事例で言うと、朝鮮半島での軍事的緊張が高まって、通常戦力では勝てないと判断した北朝鮮が、核攻撃で米国がひるむことに期待をかけて、米国と韓国の主要な軍事基地に核を使用(第一撃)してくる。米国がこれに核で反撃する(核の第二撃に出る)と、今度は北朝鮮が核の第三撃で日本の民間地域などを標的にする可能性がある、という想定ケースである。

この場合、北朝鮮の核攻撃(第三撃)によって日本で大きな犠牲が出れば大混乱になり、大量の被爆者の救済に集中することが必要となるだろう。そうしたなかで、米国が核攻撃(第四撃)を実施して、それへの反撃で北朝鮮が相当規模の第五撃を日本に着弾させれば、核の犠牲者がさらに拡大するだけでなく想像を絶するほどの多くの被爆者が、少なくとも一定の時間は救済の手が及ばないままになる可能性さえある。

北朝鮮の第五撃の能力は、どのくらいなのか。第二撃・第四撃などで米国が北朝鮮の核攻撃能力をどこまで無力化しているかに左右されるが、近年、北朝鮮はしだいに核攻撃能力を高めているとみられる。仮に北朝鮮の第五撃の能力が大規模なものだとすると、米国の第四撃が日本における惨劇を拡大する事態になりかねない。北朝鮮との核戦争の拡大は、中国やロシアも巻き込みかねないハイリスクな展開ともなりうる。

きわめて深刻な事態も想定せざるを得ないなかで米国は、北朝鮮の第三撃に対する核攻撃(第四撃)への同意を日本に求めてくるのだろうか。逆に、日本があえて第四撃を要請するのだろうか。

別の視点から考えてみよう。核使用による大量の人命の犠牲、放射線被害などが世界中に報道されれば、反核運動も大きなうねりとしてグローバルに拡大することも予想される。とくに唯一の戦争被爆国である日本が改めて戦争被爆国となってしまえば、核兵器への反発は想像を超えるほどの規模、かつ強烈なものになると予想される。そうしたなかで、日本は米国の核反撃(第四撃)に同意したり、それを要請したりする「決断」ができるだろうか。核による第四撃ではなく、通常戦力での大規模反撃という選択肢を選び、戦争停止に持ち込もうとするのだろうか。「核のタブー」を完全に破り、「長崎を最後の被爆地に」という願いも踏みにじった北朝鮮に対する国際世論の非難を最大限に高めて、強烈な制裁を呼びかける道に進むのだろうか。

緊迫した非常事態のなかで、どこまで日本が自主的で民主的な判断を示し、それをどれだけ米国の方針に反映することができるのだろうか——。

核先制使用と「約束の罠」

次に核先制攻撃のケースを考えてみよう。オバマ政権で大統領副補佐官(核問題を含む科学技術政策担当)をつとめたスティーブ・フェッター氏と大統領特別補佐官をつとめたジョン・ウォルフサール氏は、中国に対する核先制使用について共著の論考で次のように問いかける。

ひとつのシナリオとして、台湾防衛や南シナ海での中国の行動に対応するために、米中間の紛争が始まったとする。米国は対中軍事作戦を遂行するため、日本にある米国の空軍・海軍などの基地を使用することになるので、中国は通常兵器搭載のミサイルで在日米軍基地を攻撃してくる可能性がある。このような展開になった場合、核先制使用の選択肢を重視する日本は、米国に核兵器の先制使用を望むだろうか。その場合、どのような目標に核兵器を使用すればいいと判断するのだろうか。

　中国は核兵器を先制使用しないと公約しているが、核攻撃を受けた場合は核で反撃する方針も示している。在日米軍基地への通常攻撃に対して米国が核兵器で対応すれば、日本の領域内への中国の核反撃を誘発することもありうるだろう。それも覚悟のうえで、核先制使用を是とするだろうか。「もし答えが『ノー』なら、〔日本がこだわってきた核先制使用による〕脅しは信頼性に欠け、ほとんど抑止力にはならない」と共著で述べている。

　日本のジレンマは、そこで終わらない。その共著によると、核先制使用の脅しがこけおどしになる事態を防ぐために、核先制使用に重心をかけ過ぎると、今度は「約束の罠」と呼ばれる危険な領域に陥りかねない。核兵器以外の攻撃に対しても、核先制使用がありうるだろう。米国がそうした脅威を相手に与えることを、日本に直接的に約束したとする。その結果、核先制使用など賢明でなく、核兵器以外の手段で対応すれば破滅的結果を回避できると日米両国ともわかっていても、約束に従って行動するしかないとの判断にはまり込んで核先制使用に打って出るかもしれない。これが、「約束の罠」である。

一例として、朝鮮半島で非核戦力による戦争が勃発し、非核戦力だけでも米国・韓国が勝利する可能性が高い場合を想定してみよう。そのような状況で、北朝鮮が生物・化学兵器などを使用したことへの報復として、米国がそれまでの約束に従って核兵器を使用すれば、北朝鮮による韓国への壊滅的な核攻撃につながり、制御のきかない状態に陥る可能性がある。

逆に、「約束の罠」にはまるのを防ごうとして、核先制使用に踏み切らない場合はどうなるだろう。その選択をすると今度は、米国の公約がこけおどしでしかないことが露呈し、あらゆる安全保障と軍事問題に関する米国の信頼性に疑問符がつくことになる。いったん、「約束の罠」をしかけてしまうと、約束を守っても守らなくても、深刻な結果をもたらしうる。

「だからこそ、オバマ大統領や多くの歴代大統領は、米国が核兵器を使用する条件を限定し、不必要な核兵器使用に追い込まれるような「約束の罠」をつくらないように努めてきたのである」と、フェッター氏とウォルフサール氏は指摘する。

日本はどうするのか

以上、核による反撃と核先制攻撃のふたつのケースを例示的にとりあげてみたが、「自分もかかわる核抑止」へと傾斜している日本は、どのような基本方針を持って、核抑止へのかかわりを深めていこうとしているのだろうか。多くの国民の生命に直結するその基本方針は、国民にどう説明され、どのように国内的な合意と呼べるものが形成されていくのだろうか。それとも緊急事態において、政府・自衛隊、政党の幹部だけで急ぎ足で決定されるのだろうか。

「お任せ核抑止」から「自分もかかわる核抑止」へとシフトすればするほど、日本自身がきわめて困難な問いを設定して自ら答え、今では想像もつかないような「決断」も覚悟しなければならないことだろう。

「核の共有」と新たなリスク

ウクライナ危機のあと、日本でも「核の共有」についての議論をすべきとの提起が、政治家や政党から相次いだが、これも「自分もかかわる核抑止」へと大きくシフトしようとする発想が根底にある。

岸田首相は「政府として議論することは考えていない」と断言しているが、仮に「核の共有」について議論をするのであれば、拡大核抑止にいっそうの期待を膨らませる議論だけでなく、米国と共同で核使用の意思決定をすることに潜む数々の重い課題を直視するリアルな議論を避けては通れない。

すでに導入しているＮＡＴＯの例を見ると、核保有国の核弾頭を同盟国の運搬手段（ミサイル、爆撃機など）に搭載し、核使用の意思決定は共同でおこなうのが、「核の共有」の基本形である。日本に導入する場合には広い海洋に面していることから、原子力潜水艦を建造して、そこに米国の核弾頭と日本のミサイルを搭載する方式を提唱する政治家もいる。

日本での「核の共有」論が直面する課題は、どのようなものか。

安全保障の面では、核攻撃から国民を守るための方策であるはずにもかかわらず、かえって核攻撃の引き金になりかねない点が危惧される。「核の共有」が実現すると、核兵器がどの自衛隊基地に配備されるかは公然の秘密となり、その結果、軍事的な緊張が高まったときに相手からの核先制攻撃のリスクにさらされると考えられる。

「核の共有」が現実のものになれば、日本国内にほぼ日常的に米国の核を配備すると想定される。そうなれば、政府方針の表明や国会決議によって日本の「国是《こくぜ》」となってきた「非核三原則」（核を持たない、つくらない、持ち込ませないの三原則）のうち、持ち込ませないが破られることになる。核不拡散条約（ＮＰＴ）のもとで、持たない、つくらないは条約上の義務であり、持ち込ませないの原則を独自の追加措置として維持することで、核の傘国でありながらも唯一の戦争被爆国として日本の特色を示してきた。「核の共有」に舵《かじ》を切れば、非核三原則に則るという一線は破られ、国際社会における日本の存在感に大きく傷がつく公算が大きい。日本が「核の共有」に踏み切れば、中国や北朝鮮、さらにはロシアが対抗手段として日本周辺で核による軍拡を加速する口実に使うリスクもある。

仮に「核の共有」が実現の運びにでもなれば、日米安保にもとづく拡大核抑止は日本にとって、「自分もかかわる核抑止」から「いっしょに決める核抑止」へと一気に変貌することになる。仮にそこまで日本が激変する事態にでもなれば、「唯一の戦争被爆国・日本」としての発信力はきわめて空虚になり、核のハイリスクを抱えた北東アジアのパワーゲームの真っただなかに、進んで身を投じていくことになるだろう。第6章で例示したような事態以外にも、多種多様な「核有事」を想定して、米国と「いっしょに決める核抑止」の「相互運用性」を高めるために、核戦争も念頭においた訓練を重ねる日本になっていくだろう。

それはすなわち、核リスクの海にあえて舟をこぎだす選択であり、核抑止(依存)強化のために、より大きな核リスクを背負っていく危険な進路となるだろう。

第四部
新たな安全保障へ

アイスランドの首都レイキャビクで会談するレーガン米国大統領(右)と、ゴルバチョフ・ソ連共産党書記長(1986年10月11日。提供：White House Photographic Collection, 1/20/1981–1/20/1989)

SLBM	潜水艦発射弾道ミサイル
TPNW	核兵器禁止条約
NPT	核不拡散条約
ACA	軍備管理協会
新 STRAT	新戦略兵器削減条約
SLCM	海洋発射巡航ミサイル
SLBGM	海洋発射ブーストグライド式ミサイル
NATO	北大西洋条約機構
ICBM	大陸間弾道ミサイル
CD	ジュネーブ軍縮会議
ICAN	核兵器廃絶国際キャンペーン
ICBL	地雷禁止国際キャンペーン
MAD	相互確証破壊
ICJ	国際司法裁判所
ICC	国際刑事裁判所
ICNND	核不拡散・核軍縮に関する国際委員会
SDI	戦略防衛構想
INF	中距離核戦力

第9章　ポスト核抑止への戦略

核時代における逆説

　これまでの章で核抑止を解体してその実相にわけいり、核抑止がきわめてハイリスクな安全保障政策であることを指摘してきた。だが現実の世界に目を転じると、ウクライナ危機で核戦争のリスクがより可視化された状況であるにもかかわらず、米中ロの核抑止をめぐる競争が加速するような構図が一段と強まっている。

　核戦争による破滅のリスクをいかに下げるかという視点から考えると、これを転機に、核保有国とその同盟国（＝核抑止依存国）は核のリスクを極小化させ、「核のない世界」へと大きく舵《かじ》を切り直すことが期待される。だが、ウクライナ危機への核抑止依存国の対処方針はそうした展開にはなっておらず、「核のない世界」はあくまで遠い目標であって、核抑止からの早期の脱却を是《ぜ》とはしていない。むしろ、私たちが目にしているのは、「核のない世界」への方角とは逆向きの動きである。

核への依存がもっとも顕著なのはロシアで、ウクライナ危機で「核による恫喝」にまで踏み出したのは、最終的には核兵器でしか米国には対抗できないとの計算が根底にあるからだろう。中国はウクライナ危機以前から核の増強を進めており、それを転換する兆しは見えないままである。英国も潜水艦発射弾道ミサイル（ＳＬＢＭ）の増強に乗り出し、核保有国としての独自路線を持ってきたフランスも現段階では米ロ中に続く四番目の核保有数を大きく減らす方針はない。

米国ではバイデン大統領が「核のない世界」をめざすことを明言しているものの、ウクライナ危機の影響もあって、核兵器の役割の低下を思うように進められないでいる。米国の同盟国では、日本も含めて核抑止に依存する基本路線を堅持あるいは強化する方向にある。

二〇二二年の主要国の論壇での主張を見ているうちに、核抑止依存派の考えを鮮明に書きあらわした論考に出合った。米国の保守派論客で、オバマ政権で国防長官特別補佐官をつとめたジョンズホプキンス大学教授のハル・ブランズ博士の論考で、その内容・論旨は次のようなものである。

いわく――米国には外交政策における核兵器の役割を安全に低減することができるという考

えが、冷戦後のひとつの潮流として存在してきた。しかしながら、ウクライナ危機の犠牲になったもの(ウクライナ危機で壊されたもの)のひとつが、そうした(核兵器の役割を安全に低減する)考えだと言えるだろう。ウクライナ危機は、核兵器が依然として大国間対立において中心的な存在であることを明らかにしたのである。人間が発明してきたもののなかでも「もっとも悪魔的な兵器」が、国際秩序を維持するために不可欠であることを思い起こさせることになった。核兵器は人類の生存を危険にさらす可能性があるほどに強力な兵器である。このため核抑止力は、しばしば道徳面から不合理に見えるが、冷戦時代に自由世界の発展を守るために、「軍事的な盾」を提供してきた。核時代の大きな「逆説」は、想像を絶する破壊の道具が、前例のない人類の繁栄と創造の時代に貢献してきたということである。核兵器は、新たに展開されている世界秩序をめぐる(民主主義勢力と権威主義勢力の)闘争においても、同様に中心的な役割を果たすだろう――。

約めて言えば、核リスクが巨大であることは間違いないが、核抑止ほど国際秩序の形成や維持に貢献できる手段(兵器を含めて)はなく、どれほど悪魔的な兵器であろうと今後も核抑止に依存するのが得策であるとの見方である。メディアでのコラムなので強い修辞を選んでいる面もあるが、保守派の核抑止観を率直にあらわしていると言えるだろう。

「フクロウ派」のアプローチ

核戦争のリスクと、限界や弱点に囲まれた核抑止の内実も直視しながら、ブランズ博士が指摘するような「逆説」から抜け出し、「核のない世界」へと進路を修正していくには、どのような選択肢を模索すればいいのか。

こうした難題への答えの模索が、この本にとっても重要な課題であることは論をまたない。まだ誰も「最適解」を見出せていないのが現実ではあるが、その模索のなかで重要なヒントを与えてくれるのが、ハーバード大学特別功労教授のジョセフ・ナイ博士による、ウクライナ危機発生後の論考である。

国防次官補など政府の要職をつとめた経験を持つナイ博士はまず、「ロシアによるウクライナ戦争は、核抑止力にかかわる問題を再び表面化させ、世界の指導者たちにリスクの低減がグローバルな課題の最重要項目であり続けなければならないことを思い起こさせた」との認識を示している。そのうえで、「政治的、技術的な変化は常に〔核抑止に関する〕新たな問題を引き起こす」ことから、大惨事を避けるために核戦争のリスクを減らす政策が重要であると指摘する。

すなわち、核抑止に付随するリスクへの対応、リスクの縮小が今後の課題との基本認識を示したのである。

そうした認識のもとでナイ博士は、タカ派とハト派の中間に位置する「フクロウ派」のアプローチをとるように提唱する。タカ派は核抑止強化のために、「使える核」の効用を意識し過ぎて、かえって核戦争のリスクを高めるきらいがある。一方でハト派は、このような核の「使用可能性のジレンマ」(互いに「使える核」の保有・配備競争をすることで、かえって核戦争リスクが高まるジレンマ)から抜け出すために相手への宥和策《ゆうわさく》(「使える核」の保有・配備競争の停止など)を提案するが、このアプローチをとると弱気に出てきたと相手に思われ、結果的に相手が危険な行動に傾く可能性がある。

そこでナイ博士はタカ派とハト派の中間のフクロウ派として、核リスクの低減に重きをおくアプローチをうながしている。そうしたフクロウ派のアプローチを(正当な意図や目的の存在、最後の手段としての武力行使などの条件をクリアした戦争を容認する「正しい戦争」論の延長として)「正しい抑止力」と呼び、その維持のために不断の努力をするよう進言している。

「正しい抑止力」による対応が、核抑止依存を維持するための戦略の域を出ないのであれば、核兵器禁止条約(TPNW)支持国の批判の的になることも大いにありうるだろう。ただ、核戦争のリスクの高まりに懸念が示されている点については、TPNW支持国の間でも、危機管理戦略としてのフクロウ派のアプローチが一定の共感を得ると思われる。

以上に紹介してきたブランズ博士の「逆説」的核抑止依存論、ナイ博士のフクロウ派論を踏まえながら、論点を整理しておこう。

はっきりしているのは、私たちの目の前には、①核戦争のリスクと、論理的な限界や政策上の弱点に囲まれているにもかかわらず、核保有国やその同盟国がすぐには思い切って核抑止依存路線を転換しない現実、②リベラル派のナイ博士でさえ、フクロウ派の「正しい抑止力」を超えるアプローチを打ち出せない現実、が横たわっていることである。「核のない世界」を実現していくには、こうした現実を直視しながら、有効な方策をさぐり、実行に移していくしかない。

軍備管理コミュニティの努力と知識

「核のない世界」を実現する。それが被爆地の多くの人たちの願いであるだけでなく、TPNWが存在する今の世界で支持を広めつつある意見でもある。二〇一〇年の核不拡散条約(NPT)再検討会議で採択された最終文書にも、核兵器の全面廃絶に対する核保有国の「明確な約束」が盛り込まれている。ただ、そもそも核廃絶は、実際にそれを実現するまでには相当の期間を要する世紀の大事業である。また、先に述べたように核抑止依存派が存在する現実も目の前に広がっている。そうした諸点を複眼的に見据えながら、目標達成までのプロセスをどのように設計して目標に向かっていくかが、避けて通れない課題となる。

それでは、「核のない世界」までのプロセスにおいて、重要なものとは何なのか。繰り返しになるが、これまで記してきたことを踏まえて確認しておくと、次のようになる。

(a)「核のない世界」という目標達成の日まで、「長崎を最後の被爆地」にしたまま、二度と核兵器が使われないこと

(b)核保有国は核不拡散条約(NPT)第六条の約束を守って軍縮交渉を進め、「核のない世界」という目標達成に近づいていくこと

(c)目標到達へのプロセスにNPT内の核保有国、非核保有国、さらにNPT外の核武装国が加わって、核戦争なしでの目標達成を「共通の利益」にしていくこと

では、すべての国がそのような「共通の利益」に向けたプロセスに参画して、共同行動をとっていくようにしていくには、どうすればいいのか。その青写真を描いていくうえで参考になる指針として、米国国務省のマロリー・スチュワート次官補(軍備管理・検証・遵守担当)が二

〇二二年六月に、ワシントンDCにあるシンクタンク「軍備管理協会」（ACA）年次総会でおこなった講演での構想に着目したい。

このなかでスチュワート次官補は、「米国の安全保障とパートナーや同盟国の安全保障を包括的な目的とするなかで、米国は安全、確実、かつ効果的な核抑止力と、強力で信頼できる拡大抑止の約束を維持する」と核兵器による安全保障政策を概括したあと、「〔米国は〕同時に、戦略的安定の必要性を引き続き強調し、費用のかかる軍拡競争を回避するよう努め、可能な限り〔核使用〕リスク低減と軍備管理の取り決めを促進する」との見方を示した。

加えて、「軍備管理、とくに核軍備管理が今、かつてないほど重要であることを承知している。国際的な危機のときにこそ、誤解、不信、誤算、軍拡競争が加速して、意図的、非意図的に〔紛争が〕エスカレートする〔恐れがある〕ときにこそ、軍備管理コミュニティ〔軍備管理関連の専門家集団〕の努力と知識がもっとも必要とされる」と指摘した。

変化する脅威に対応する

さらにスチュワート次官補は、二〇〇二年に開催されたACA年次総会でバイデン大統領が当時、上院議員として講演した際、軍備管理および核不拡散の目標の達成に向けて、「変化すればならない」とうながしたことを紹介した。

そのうえで、「バイデン大統領は、国家指導者、ＮＧＯ、学界、政治家、外交官、軍関係者、核保有国政府、非核保有国政府が同じように、チームとして協力するよう呼びかけ続けている」「バイデン大統領は、核兵器のない世界をめざす私たちの努力のなかに存在するイデオロギーや意識づけられた分裂を脇におき、異なる背景や歴史的な対立、文化の違いや思い込みを捨てて、成功を打ち立てていくように求めている」と強調した。

美辞麗句の多い講演との印象もないわけではないが、いくつもの言葉運びのなかに、「核兵器のない世界をめざす私たちの努力」にとって重要な基本戦略が盛り込まれている。

第一に、「核のない世界」へのプロセスにおいて核が存在する限りは核抑止の維持をはかる一方で、多様な軍備管理の取り組みを通じて、「戦略的安定」や核リスクの低減に力点をおいていくという基本戦略である。この点は、ナイ博士のフクロウ派アプローチと共鳴する内容である。

第二は、ＮＰＴ第六条にある核軍縮の交渉の義務やＮＰＴ再検討会議での核廃絶への「明確な約束」を意識してのことと考えられるが、米国の指導者が「核のない世界」をゴールに見据えて軍備管理を進めていくという基本戦略である。この第二の基本戦略は、ナイ博士のフクロウ派アプローチの思考を超える領域である。

ウクライナ危機発生後にスチュワート国務次官補が示した、このような核リスクの低減と軍備管理に関する取り組みは、「核兵器不使用の記録」を継続させ、その延長線上で「核のない世界」へ接近し、到達していくという「共通の利益」の追求と重なり合うところが多いと考えられる。「変化する脅威に対応するために新しいアプローチを発明し、新しい国際協力を促進しなければならない」とのバイデン氏の指摘は的を射たものであり、この「発明」に力点をおいていくことが肝要《かんよう》と言えるだろう。

そこでフクロウ派をさらに発展・進化させて、「核のない世界」へと進んでいくために、どのような軍備管理上の「発明」をしていく必要があるのかをさぐっていくことにする。

安全保障としての軍備管理

ウクライナ危機以前から、核軍縮が混迷状態に陥っていた実情のなかで、近年、中長期的な（核軍縮を含めた）軍備管理を構想する優れた研究がいくつも発表されている。

米国のブルッキングス研究所の元上級研究員、フランク・ローズ氏は、「二国間（米ロ間）、ひとつの兵器（核兵器）」型の核軍縮の時代はすでに過去のものとなったとの認識を示し、今後の軍備管理は、①二国間だけではなく米中ロなどの多国間交渉が必要となり、②しかも、核以外の最先端技術を利用した兵器も交渉の対象にする必要性が高まってきていると指摘している。こうした変化に対応し、変化をプラスに活かしていけるような軍備管理についての構想と行動が不可欠となるだろう。

その文脈で必要となる第一の基本的な「発明」は、軍備管理を安全保障政策に不可欠な存在であると明確に位置づけることである。第7章で中満泉・国連事務次長が強調している点と共鳴するものだが、軍備管理は安全保障と相反するものではなく、安全保障に貢献できる政策である。両者が相反するというような先入観にとらわれて、安全保障環境が整わない限りは軍備管理も進められないと決めつけるのではなく、軍備管理を通じて安全保障政策を前進させる方針を今後の安全保障政策の重要な柱に据える必要がある。

軍備管理の手段の多様化

次に求められる第二の基本的な「発明」は、軍備管理の定義の拡大である。

条約づくりに向けて努力することは、合意した内容の、その後の法的な安定性を考えると非常に大切なことである。その一方で条約をつくるための交渉には時間がかかり、せっかく合意しても各国での批准が滞って発効が大幅に遅れる事態もある。さらには、これからの軍備管理交渉に米ロだけでなく中国を加える場合、核兵器の数に開きがあるだけでなく、核兵器システムの構成も大きく異なっていることから、条約づくりのハードルはきわめて高い。

核以外の最先端技術を利用した兵器も規制対象にしていく必要性が高まっているのが現状であるが、多くの要素が複雑に入り組んだ「ハイブリッド軍備管理」に法的な拘束力のある条約のみで対応するのはきわめて困難であり、仮に可能であったとしても合意までに長い時間を要するリスクもある。加えて、時間をかけて交渉しているうちに、どんどん技術の進歩が加速してしまうといったジレンマも覆《おお》いかぶさってくる。

こうした事情を考えると、軍備管理の手段として条約以外の方法も取り入れ、実現可能なことから実行に移して、さらに実効性を高めるような追加措置を工夫していくアプローチを、軍備管理の範疇《はんちゅう》のなかで実践していくことが大切な選択肢となる。

「条約にできるものは条約をめざす」という原則は維持しながらも、早いタイミングで現実的な実効性をあげていくという視点から、政府間合意、行動規範(Code of Conduct)、政府の自主的な措置などにもとづく政策実行も重要な方策として積極的に活用していくべきだろう。

条約づくりに向けての努力も含めて多様な合意の組み合わせで、できるだけ迅速に必要なことを実行に移していく形の軍備管理への軌道修正である。

たとえば米ロ(米ソ)間では、一部の例外を除いて、戦術核については自国以外には配備せず、自国内に厳重に保管していく自主的な措置を双方で採用し、継続している。これは、核先制使用リスクの低減という意味で「戦略的安定」に貢献しているほか、戦術核がテロ集団などに流出することを防ぐ「核セキュリティー」対策としても機能している。

もちろん、条約で合意できる事項は条約化することが最適であるケースも少なくないと考えられるが、これまでの先例も参考にしながら、条約以外の方法を通じて、適宜に必要な対応を可能にする柔軟性の高い軍備管理をめざすべきだろう。

ただ、こうしたアプローチは条約を軽んじるものではない。条約以外の方法で達成した成果を最大限に活用しながら、野心的な条約づくりへと駒を進めていくことも、軍備管理上の「発明」の重要な柱と位置づけるべきである。

安全保障政策における軍備管理の位置づけの明確化、軍備管理の手段の多様化は、米国のカーネギー国際平和財団の研究報告書『核軍備管理を想像し直す』(James M. Acton, Thomas D. MacDonald and Pranay Vaddi, "Reimagining Nuclear Arms Control: A Comprehensive Approach")や、外交問題評議会の討論用研究文書『戦略兵器管理の未来』(Rebecca Lissner, "The Future of Strategic Arms Control")も重視しているところである。そこで、この二つの論文での提案をもとに、議論を進めていきたい。

政策レベルでの「発明」へ

以上のような新たな軍備管理に必要な基本的な「発明」にもとづいて、まず最優先課題として取り組まれるべきなのは、「核兵器不使用の記録」を伸ばし続けるための政策レベルでの「発明」だろう。

この本ですでに紹介した日本の「核軍縮の実質的な進展のための賢人会議」の議長レポート(二〇一九年一〇月)は、広島、長崎以降の「核兵器不使用の規範」を今後も「国際社会全体によって守られなければならない」ものと位置づけ、「核兵器のない世界をいかに実現するかについての見解の相違にもかかわらず、不使用の慣行を継続することは、核兵器のない世界を実現するための柱の一つである」との見方を示した。

NPTに関する日米共同声明(二〇二二年一月)では、冒頭に「世界の記憶に永遠に刻み込まれている広島及び長崎への原爆投下は、七六年間に及ぶ核兵器の不使用の記録が維持されなければならないということを明確に思い起こさせる」との一節が盛り込まれた。「核兵器不使用の記録」の継続的な維持・更新への思いは、被爆地と核保有国を結ぶきわめて重い接点である。そこも鑑みながら、「核兵器不使用の記録」を伸ばし続けるための知恵が試されることになる。

交渉対象外だった兵器の軍備管理

それでは具体的にどのような軍備管理の方法が考えられるのか。主だった提案を概括していくことにする。

まず米ロ間では、二〇二六年二月に期限切れになる新戦略兵器削減条約(新START)の後継の条約の交渉を本格的に進めることである。「二国間(米ロ間)、ひとつの兵器(核兵器)」型の核軍縮時代がすでに過去のものとなった現状では、後継の条約が期限内に合意され、発効にいたる可能性は決して高くない。それでも交渉を通じてある程度の相互理解や信頼関係の維持が可能になることも考えられるので、後継の条約という選択肢は早々にあきらめるべきではない。

その交渉と並行して、先の『核軍備管理を想像し直す』が短期的に実施に移すべきこととして提言しているのは、規制対象を戦略核にしぼってきた後継の条約交渉の規制対象外の範疇に入る海洋発射巡航ミサイル（ＳＬＣＭ）や海洋発射ブーストグライド式ミサイル（ＳＬＢＧＭ）の配備数を、相互に交換するというものである。

ＳＬＣＭに搭載される核弾頭の小型化や命中精度の向上、高速で飛行してごく短時間のうちに標的を破壊できるＳＬＢＧＭの開発・配備は、核先制攻撃能力の向上につながるとの懸念が米ロ内で強まりつつある。そこで、これらの兵器の配備数をお互いが知ることによって、核先制攻撃能力のリスクの実相などを双方が把握して「戦略的安定」を高めようとするねらいが込められている。

この報告書はまた、欧州に配備されている地上発射型のミサイル防衛システムについての情報をロシアに提供するように提言している。ミサイル防衛システムがロシアの核抑止力を弱めるだけでなく、北大西洋条約機構（ＮＡＴＯ）がミサイル防衛システムを攻撃用システムに転換するのではないかとロシアが警戒しているからである。さらに、米国が配備済み・配備計画中の迎撃ミサイルを実験する際に、その速度（初速）をロシアの専門家が計測することを受け入れ、これらのミサイルがロシアの核抑止力の柱である大陸間弾道ミサイル（ＩＣＢＭ）などの迎撃には（速度が遅すぎて）適さないことを確認させる。迎撃ミサイル用の発射台を改造して攻撃ミサイルを配備したりしないことを、ロシアに再確認させることもあわせて提言している。

米中、米中ロによる「戦略的安定」

ミサイル防衛にはロシアだけでなく中国も懸念を持っていることから、もうひとつの『戦略兵器管理の未来』は、米国の同盟国の利益を損なわない形で、ロシアと中国との互いの緊張感を緩和できるような規制の検討も提言している。この選択肢を活用すれば、将来的に米中ロの三か国による軍備管理交渉への突破口ともなりうるとの見方を示している。

米中二国間の軍備管理に関しては、どうだろうか。『核軍備管理を想像し直す』はまず、核兵器の材料となる核分裂性物質の生産中止について、政治的に拘束力を持つ共同宣言を出すよう求めている。

ジュネーブ軍縮会議（CD）での交渉開始が期待されてきた兵器用核分裂性物質生産禁止条約（カットオフ条約）だが、一度も交渉開始のめどがたたないままである。この条約に米中が加入して発効すれば、核兵器を増強中の中国に歯止めをかけられるが、CDでの交渉は見通しさえまったくたっていない。

そこで多国間条約ではなく、米中の核分裂性物質生産禁止に関する政治的な約束を通じて

「垂直拡散」(核軍拡)にストッパーをかけ、「戦略的安定」に貢献するのが得策だとの考え方を示している。

米中間の軍備管理について『戦略兵器管理の未来』のほうは、ハイレベルの幅広い安全保障対話のなかで、「戦略的安定」のための対話を進めるよう提言している。その対話において、核抑止政策に関するドクトリンや核戦力、最先端技術(サイバー・ＡＩ・宇宙・極超音速など)、危機時におけるコミュニケーションなどの議題を設定すべきと求めている。

米中ロの三か国間では、平和目的のロケット発射や軍事用ミサイル実験に関する誤解、誤情報が核戦争につながるのを防ぐ措置が欠かせない。

このため、『核軍備管理を想像し直す』では、すべての宇宙ロケット発射、すべての弾道ミサイルやＳＬＢＧＭの発射実験、ミサイル防衛のためのすべての迎撃用ミサイルと標的用ミサイルの発射実験、について事前通告することで、三か国間が合意すべきと提案している。第４章で示したような偶発的な核戦争が起きるのを防ぐ、重要な措置であると言えるだろう。

米中ロの三か国間が宇宙の軍事利用競争を加速していることを受けて、この報告書では、高高度の軌道にある人工衛星の周辺に「非接近地帯」を設けることに、三か国が共同で政治的な合意をするようにうながしている。

高高度の軌道には、相手のミサイル発射を探知する早期警戒衛星、通信衛星など、核兵器システムの枢要部分を構成する軍事衛星が配置されている。お互いの軍事衛星に一定以上は接近しないことに合意することで、軍事衛星に近づいて破壊する衛星攻撃兵器の脅威を削減できるほか、攻撃の意図のない軍事衛星の配置換えを核攻撃の前兆と誤解されるリスクも減らすことができ、やはり「戦略的安定」に役立つ提案と思われる。

『戦略兵器管理の未来』では、多国間での試みも提言している。核保有五か国の「戦略的安定」対話を拡充して、核軍縮を進めた際に必要な検証システムを検討する作業グループや、先端技術がもたらすリスクの削減に関する作業グループの設置もうながしている。

この文書は、米国が自主的に実行すべきことも提案している。そのひとつは、新ＳＴＡＲＴの後継の条約の交渉過程において信頼を醸成するための手段として、米国が自主的に戦略核の配備数を一四〇〇発(新ＳＴＡＲＴでの上限は一五五〇発)に削減すると表明するよう求めている。また、「戦略的安定」を強化するねらいから、核先制不使用や「唯一の目的」といった宣言について、同盟国との関係や拡大核抑止(「核の傘」)への影響なども含めて分析し、評価するよう勧めている。

以上は比較的短期間での実現を想定しながらの提案で、利害の相違は存在するにしても、「戦略的安定」の維持を共通の優先課題として実行していけば、米中ロのいずれにも果実をもたらしうる内容である。

NPTに加入していない核武装国であるインド、パキスタン、北朝鮮が多国間の核軍縮に加わっていくことは、これらの諸国自身にとっての果実ともなることだろう。さらに、この共通の優先課題は、「長崎を最後の被爆地に」を強調する多くの非核保有国にとっても共有できるものである。

核の危険を低減できるのか

その次の段階は、中長期的な観点からの政策面での軍備管理の「発明」である。前に述べたように、条約以外の方法を活用した成果にもとづいて、野心的な条約づくりに進むのも軍備管理上の「発明」である。そこで、中長期的には交渉に時間をかけてでも法的な拘束力のある条約をつくれるかどうかが、重要なポイントになる。

『核軍備管理を想像し直す』はひとつめの提案として、宇宙配備のミサイル防衛システムの開発や配備を禁止する米中ロの三か国条約の合意を求めている。

宇宙配備のミサイル防衛システムを開発できる能力は米国がいちばん高いと考えられ、ロシアと中国はそうしたシステムの宇宙配備は、これを突き破ろうとする新たな軍拡競争を誘発すると警戒している。米国がミサイル防衛システムを宇宙に配備した場合には、緊急時には中国、ロシアがこれを破壊しようとする宇宙空間バトルを現実化させ、それが核戦争のリスクを高めることにもなりかねない。宇宙から進む「戦略的不安定」を避けるためには、このような禁止条約が有効であるとの判断から提案されている。

この報告書のふたつめの提案は、飛行距離が約四七〇〇キロメートル（二九五〇マイル）以上の地上配備型の巡航ミサイル・弾道ミサイル・ＳＬＢＧＭの発射台、飛行距離が約一九〇〇キロメートル（一二〇〇マイル）以上の地上配備型のミサイル発射台、ＳＬＢＭの発射台、そして爆撃機の上限を、米中ロとも同じ数に制限する国際的な合意づくりである。これによって、長距離を飛行できる核兵器の数を規制でき、先制攻撃能力を持っていると相手に懸念を抱かせるリスクを減らすことができる。

米中ロでは保有ミサイルの量や種類が異なっており、交渉は容易ではないだろう。しかしながら、報告書では、「〔三か国の〕意思決定者が自分たちに問わなければならないことは、現在のリスクを抱えたまま生きるのと、それを打ち破ることにともなうリスクのどちらを選ぶかという点である」と指摘し、膠着《こうちゃく》した現状の打破に向けた前進を求めている。

三つめの提案では、米中ロにすべてのタイプの核弾頭を合わせた合計数を制限する、米中ロの三か国条約に合意するよう求めている。

この合意には本当に守られているのかを確かめる検証問題という厄介な壁が立ちはだかるが、合意への準備作業として、①核弾頭の検証に関する共同研究の再開、②核弾頭保管庫の査察に関する共同研究の開始と、その成果の核弾頭製造・解体施設への応用、③核弾頭不在とされている保管庫や存在するかもしれないと疑われている保管庫における相互査察実現に向けた交渉の開始、④政治的な合意にもとづいて検証が可能になるように核弾頭に関する情報交換の交渉開始、を提言している。

また、新STARTの後継の条約において、配備中の核弾頭だけでなく、（新STARTでは対象外の）保管中の核弾頭も規制するかどうかを判断するように求めている。

これらが、この報告書の諸提案の概要である。実現にはいくつもの障害が予想されるが、そこで示された提案のどれをとってみても、「実行に移していくことだけで核の危険を低減できる」ものであり、「壊滅的な破壊の脅威を通じた安全保障に内在するリスクのよりよい管理に向けて、軍備管理は強力な措置となりうる」と強調している。

「核兵器不使用の記録」を永遠に

以上のように、新たな軍備管理に必要とされる基本的な「発明」にもとづいて、「核兵器不使用の記録」を伸ばし続けるために必要な具体的な諸政策を「発明」し、実現をはかっていくことは、軍備管理を安全保障に活かしていくうえできわめて有効な措置と考えられる。ここで紹介したもの以外にも、「発明」に該当するようなさまざまな提案を専門家たちが考案・構想しており、今後の研究や議論を通じてさらに発展させ、政策への実装につなげていくべきだろう。

ただ、忘れてはならないのは、ここで紹介した諸提案は、フクロウ派の範囲内での努力であって、明確に核抑止の退場をうながす試みではない。長年にわたって消えることのない核戦争のリスク、そしてウクライナ危機で可視化された核戦争のリスクを低減する機能を期待できる諸提案であり、その意味において重要で知的な貢献であるが、基本的な目的は「戦略的安定」の確保であって、それにもとづいた核抑止の維持を念頭においたものである。

しかしながら、「核兵器不使用の記録」を永遠に確かなものにするためには、核抑止に頼らない安全保障を模索していくことが不可欠である。「長崎を最後の被爆地に」という願いを確実に達成するには核廃絶が最良の選択肢、との被爆地からの発信も、そこが起点になっている。

　そこで今後は、核廃絶に向けた移行期の措置としてフクロウ派の知恵を活用しながらも、「核兵器のない世界をめざす私たちの努力のなかに存在するイデオロギーや意識づけられた分裂を脇におき、異なる背景や歴史的な対立、文化の違いや思い込みを捨てて、成功を打ち立てていく」というバイデン大統領のビジョンに呼応する形で、核抑止の退場へつなげていけるような軍備管理の「発明」を重ねていく必要がある。次の章ではこの点について、多角的に考えてみることにする。

第10章 「人新世」で核兵器を淘汰する

長崎からの言葉

二〇二一年八月九日。田上富久・長崎市長が世界に発信した「平和宣言」のなかに、こんな一節が盛り込まれていた。

「長崎を最後の被爆地に」

この言葉を、長崎から世界中の皆さんに届けます。広島が「最初の被爆地」という事実によって永遠に歴史に記されるとすれば、長崎が「最後の被爆地」として歴史に刻まれ続けるかどうかは、私たちがつくっていく未来によって決まります。

長崎の「平和宣言」は例年、被爆者や平和活動に尽力してきた市民、地元の有識者らで構成する起草委員会(長崎市主催)での意見交換を経て、完成させる。その委員の一人として、この一節に触れたとき、胸のなかを一陣の風が吹き抜けていった。「核兵器不使用の記録」を永遠に確かなものにできるかどうかは、私たちがつくっていく未来にかかっている――。

では、どんな未来をつくっていけばいいのか。じつはその問いに対する答えのヒントも、「平和宣言」に織り込まれていた。

私たちはコロナ禍によって、当たり前だと思っていた日常が世界規模で失われてしまうという体験をしました。そして、危機を乗り越えるためには、一人ひとりが当事者として考え、行動する必要があることを学びました。今、私たちはパンデミック収束後に元に戻るのではなく、元よりもいい未来を築くためにどうすればいいのか、という問いを共有しています。

核兵器についても同じです。私たち人類はこれからも、地球を汚染し、人類を破滅させる核兵器を持ち続ける未来を選ぶのでしょうか。脱炭素化やＳＤＧｓの動きと同じように、核兵器がもたらす危険についても一人ひとりが声を挙げ、世界を変えるべき時がきているのではないでしょうか。

気候変動の危機やパンデミックの危機への対応で、個人個人の意識の変化や行動の変化が大きな成果を生み出した。十分ではないにせよ、取り返しのつかないような危機の回避に向けて、個人個人の力が大きな力を発揮してきた。それなしには、最悪の事態を回避する対策など夢のまた夢だったことだろう。この歴史的な経験を活かして多様な市民社会が力を合わせ、気候変動やパンデミック、核兵器の危機、さらにはSDGsなどの諸課題も含めたグローバルなリスクに対処していける未来をつくっていこう。そうした地球規模の挑戦のなかで、核兵器がつきつけている危機にも正面から向き合い、永遠に長崎を「最後の被爆地」として歴史に刻み続けていこう。このような呼びかけを込めたメッセージであった。

ふたつの「発明」

さて、この章の課題を改めて記すと、フクロウ派の知恵を基盤にしながらも、核兵器のない世界をめざすバイデン大統領のビジョンにも呼応する形で、核抑止を退場させていけるような軍備管理の「発明」を考えていくことである。そのためにも、ここで立ち止まって思いをめぐらせる必要があるだろう。第9章では主に、軍事安全保障・軍備管理コミュニティの枠組みのなかでの思考様式で書き進めてきたが、果たして、これだけでいいのだろうか。なぜならば、こんな疑問が頭をもたげてくるからだ。

「私たちがつくっていく未来」の重要性を強調する「平和宣言」の含意を考え合わせると、軍事安全保障・軍備管理コミュニティという枠組みのなかで生み出される軍備管理の「発明」のみで、果たしてめざすべき未来に近づいていけるのだろうか。核抑止を退場させて長崎を永遠に「最後の被爆地に」という願いを確実に達成するには、新しい未来をつくっていくための巨視的な安全保障の「発明」が必要で、そうした大きな「発明」と軍備管理上の「発明」のふたつを同時に構想し、連携させながら実践していく必要があるのではないだろうか。

ここで言う巨視的な安全保障とは、気候変動、パンデミック、核兵器やSDGsなどの諸課題も含めたグローバルなリスクに対処していける未来をつくっていくための、人類が協調して取り組むべき安全保障を意味するものである。それはさしずめ、「地球と人類の安全保障」とも呼ぶべき、新たなグローバル・ヒストリーを展開していくための安全保障である。

明示的には語られていないが、「平和宣言」が提示した歴史的、大局的な問題設定は、このような安全保障の実現に期待を寄せていると、起草委員会に参加した一人として感じている。

そこで以下では、新しい未来をつくっていくために求められる「地球と人類の安全保障」の巨視的な「発明」と、軍備管理上の「発明」のふたつの間の相互関係について考えていくことにする。

「人新世」での安全保障

ここで当然ながら、次の疑問が浮かんでくる。「地球と人類の安全保障」とは、いったいどのようなものなのか。

この問いへの解をさぐるにつけ、まずは、私たちの現在・未来がどのような時代状況のもとにあるかを、共通認識として持っておく必要がある。その際に、念頭においておきたいのが、私たちが新たな地質時代としての「人新世」のなかで暮らしているという考え方である。

オゾンホール研究でノーベル化学賞を受賞したポール・クルッツェン博士らが提案してきた、新たな地質時代の区分が、「人新世」である。それ以前にはなかった規模・速度・特質で人類が地球に影響を及ぼしていることが、この時代区分の大きな特徴となっている。

大気や海洋・淡水、地表におけるさまざまな指標の急速な悪化と、生産・消費・廃棄などの社会経済諸指標の幾何級数的な増加(グレート・アクセラレーション)が顕著になった一九五〇年ころからが「人新世」の始まりとの区分案が有力だが、一九四五年七月の人類初の核実験から始まる四〇〇〇回以上の核実験で人類が残した放射性物質の痕跡も地質区分のマーカーになりうるとの説もある。

「人新世」が最終的に地質学的区分として公認されるかどうかは別にしても、人類が地球に与える影響が桁違いに巨大化した時代に突入していることを認識させるキーワードとしての意義には大きいものがある。一九四五年以降が核時代と呼ばれていることに加えて、私たちは「人新世」という、人類が地球に対してより大きな自覚と責任を持たなければならない時代を生きているのである。

このような大局観を持つことで私たちは、歴史的な時代の変化に応じて必要な意識改革を前に進められるのではないだろうか。人類にとって大きな転機となるべきこの時代が直面する問題の規模、問題どうしのつながりなどを、より高い解像度で俯瞰《ふかん》する力量も身につけていけるのではないだろうか。

では、私たちが生きている時代が「人新世」に位置することを認識したうえで、どのような概念や制度の変革が求められるのだろうか。地球規模の課題のガバナンスに詳しい毛利勝彦・国際基督教大学（ＩＣＵ）教授は以下のように指摘している（毛利勝彦「平和と安全保障の新たなガバナンス」）。

——国際社会は、従来の「枠組み構造の再生産を目指す改修だけでは不十分」な状況に陥っている。「技術革新への過度な期待も問題を先送りする」だけなのが実情であり、人類と地球の双方の利益に役立つ「平和のためのガバナンスへの変革」が求められている。核兵器、地球温暖化、パンデミック、人口爆発、生態系破壊など、人類が地球システムに多大な影響を及ぼす「人新世」時代に適したグローバルガバナンスが重要と考えられる。

——「人新世」時代において注目されている安全概念として、「ロックストロームらの科学者が提案しているプラネタリー・バウンダリー（人類が安全に活動できる境界）論」が注目されている。すでに、「気候変動や生物多様性保全などいくつかのプラネタリー・バウンダリーが科学的に同定されている」。従来の持続可能性に関する概念は「環境的持続性、社会的持続性、経済的持続性が同時に均衡する」ことに重きをおいてきたが、現実には、ひとつの持続性（たとえば経済的持続性）を達成しようとすると他の持続性（たとえば環境的持続性や社会的持続性）の達成が危うくなるという、「持続可能性のトリレンマ」に直面してきた。プラネタリー・バウンダリー論では環境持続可能性の確保を前提としており、「その範囲内で社会的持続性が位置づけられ、さらにその範囲内での経済的持続性が想定される」。

――「核戦争や気候変動やパンデミックは、人類社会を超える生態系としての地球社会の課題」であり、プラネタリー・バウンダリー論を念頭におきながら、「生態学的存在としてのグローバル社会の持続性と強靭性について惑星的展望を持ってケアしてゆく変革が求められる」。

そこで本章では、プラネタリー・バウンダリー論を念頭におきながら、巨視的な「地球と人類の安全保障」を、「生態学的存在としてのグローバル社会の持続性と強靭性」を高めていくことを目的とする安全保障と(少なくとも暫定的《ざんていてき》に)定義することにする。したがって、「人新世」において、こうした「地球と人類の安全保障」を概念として政策や制度として「発明」し、そして実践していくことが、「私たちがつくっていく未来」(平和宣言)にとって、きわめて重要な意味を持つと考えられる。

「人間の心」

では、「地球と人類の安全保障」のもとで、どのような新たな軍備管理の「発明」に取り組んでいけばいいのだろうか。

まずは、間違いなく「一人ひとりが当事者」である「人類」の現在地について、考えてみることから始めよう。

「種」としての人類は、地球で一人勝ちして、この惑星に「君臨」する存在。私たちの頭のどこかに、そんな思い上がりがあるように思える。しかし、生物医学者のルイス・トマス氏は著書『人間というこわれやすい種』で、要約すると、こう警鐘を鳴らしている。

地球では、多種多様な種が「共生」するのが摂理であって、生存競争に勝った種であっても、すべてを奪いつくすことはない。長い生命史のなかでは新参者でしかない人間という種はなお未熟で、過ちや失敗をおかしやすい——。

これは核兵器に関しても同様である。米国の国務長官（一九七三―七七年）も経験した傑出した国際政治学者であるヘンリー・キッシンジャー博士は、一九五七年に著した大著のなかですでにその慧眼《けいがん》ぶりを発揮し、以下のように記している。

「核時代になって私たちが得た逆説的な教訓の一つは、比類ない力を手にした瞬間、生存していけるかどうかについての難題を解決できるのは、人間の心（minds in men）でしかないと思い知らされたことである。マンモスと恐竜がたどった運命は、力だけでは生存競争のメカニズムのなかにおいて必ずしも成功しないと警告している」（Henry A. Kissinger, *Nuclear Weapons and Foreign Policy*）

この著述からすでに六〇年以上が過ぎているが、ことの本質は変わっていない。その時代において最強の力を手にした「種」に永遠の繁栄が保証されているわけではなく、一時期は最強の「種」であっても、やがては自然淘汰の厳しいルールのなかで姿を消していくことになるかもしれない。核兵器という破滅リスクと背中合わせの兵器を手にした人間だが、それによって抱え込んだ難題に自ら対処できる力があるとすれば、よって立つべきところは「人間の心」である、ということである。

別の表現をすると、核抑止に依存した世界を継続させるか否かは、一人ひとりの人間として私たちが核兵器をどう考えるのか、核兵器で安全や安心を保っていけると考えるのか、そうでないのかにかかっている。それは大国の首脳だろうと、一人ひとりの市民だろうと根っこは同じである。「種」としての人類の未来を考え、その運命を決めていくのは私たち一人ひとりの人間の責任であり、人類による選択は私たち一人ひとりの意思の「総和」として決められるべきものである。

すなわち、核抑止依存を望む諸国、それを支持する人たちが強い影響力を持っているからといって、彼らの主導によって人類の未来を選択する権利はないし、それはとても人類の選択とは言えない。グテーレス国連事務総長が、核兵器禁止条約（ＴＰＮＷ）の第一回締約国会議の開会式に寄せたメッセージのなかで、「われわれは、一握りの国が振りかざす核兵器が地球上のすべての生命を危機にさらすことを許すわけにはいかない」と強調したのも、同根の問題意識からだと考えられる。

現時点で地球に「君臨」する種でありながらも、その種のなかで、核兵器という破滅装置を手にして脅しあう「こわれやすい種」。否定しようのない私たちのこの現在地を深刻に受け止めて、新しい未来につながる選択につなげていく。一握りの国が振りかざす核兵器が地球上のすべての生命を危機にさらすことを許さず、核兵器がもたらす危険について一人ひとりが声をあげて世界を変えていく。そのような未来をつくる選択についての覚醒《かくせい》と、実践への主体的な参加こそが、「地球と人類の安全保障」における新たな軍備管理の根本的な「発明」であるべきだろう。

心のなかの核武装解除

私たちが主体となって未来をつくる選択を進めていくプロセスにおいて、核抑止以上に効果的で信頼できる抑止手段はないという固定観念を解体していくことが肝要だろう。いわば、「心のなかの核武装解除」である。これもまた、「地球と人類の安全保障」における新たな軍備管理での大事な「発明」と言えるだろう。

本書が記してきたような核抑止の限界や脆弱さ、リアルに存在する核戦争のリスクなどを直視して、核抑止というマジックワードのマイナス面に気づいていけば、固定観念から解放される人も増えていくだろう。この点はTPNWの支持国の拡大や、TPNWに期待する国際世論がここまで高まっている現実ですでに実証されていると言っても過言ではない。

「心のなかの核武装解除」が進んだ先例は、枚挙にいとまがない。

北大西洋条約機構（NATO）の加盟国であるドイツは、ウクライナ危機の最中にあっても、TPNW第一回締約国会議にオブザーバー参加した。そのドイツのアナレーナ・ベーアボック外相は初来日の際にまず長崎を訪問して（二〇二二年七月）、原爆資料館を視察し、被爆者で長崎原爆被災者協議会会長の田中さんの話を聞いた。ベーアボック外相は田中さんに謝意を伝えるとともに、「核兵器はこの世界から姿を消さなければならない。そのつとめを果たしていく」と共感を示した。

外相の長崎訪問はドイツ側の意向で急きょ実現したものだった。NATOの欧州同盟国のなかの大国のひとつであるドイツの外相だけに、NATOの公式会議で核抑止依存停止を表明するまでにはいたっていないが、ベーアボック外相の「心のなかの核武装解除」は長崎訪問でさらに進んだと思われる。

一九九〇年代後半に米国のクリントン政権で国防長官をつとめたペリー氏も、公職を離れた後ではあるが、深刻な核リスクの存在に強い危惧を示してきた。二〇二〇年の長崎での国際シンポジウムの基調講演(オンライン)では、「〔核戦争は〕小惑星が地球に衝突し、恐竜を絶滅させた際に匹敵する絶滅現象になるかもしれない」「恐竜は自然災害の犠牲者だったが、今、私たちは自分たちで絶滅させる力を持っている」としたうえで、「核兵器は人類の存亡にかかわる脅威である。そして、この〔人類の〕命運にかかわる問題に対する唯一の永続的な解決策は、核兵器を廃絶することだ」と強調した。

みんながスーパーパワー

もちろん、市民社会においてはグローバルに「心のなかの核武装解除」が進んでおり、TPNW成立への貢献で国際NGOネットワーク・核兵器廃絶国際キャンペーン(ICAN)が二〇一七年のノーベル平和賞を受賞したのは、そうした動きを象徴するような出来事であった。TPNWは中堅国家と市民社会のNGOの連携で誕生した条約で、こうした連携モデルのパワーを世界に初めて示して見せたのは、対人地雷全面禁止条約(オタワ条約)での地雷禁止国際キャンペーン(ICBL)の躍動だった。

一九九七年のノーベル平和賞を受けたICBLのコーディネーター、ジョディ・ウィリアムズ氏はオタワ条約の署名式で、グローバルな市民社会運動の成功が冷戦後の時代の新しい行動主体の台頭を物語っているとの見方を示したあと、「私たち（市民社会）こそ、スーパーパワーである。これはスーパーパワーの新しい定義で、ひとつ（の行動主体）ではなく、みんながスーパーパワー（の構成員）なのだ」と語った。TPNWにおけるICANの功績もこうした変化の延長線上にあるもので、市民社会のスーパーパワー化がその背景にあった。そして、その根底で、市民社会におけるグローバルな「心のなかの核武装解除」が進行してきたのである。

核抑止維持で固まった思考を揺さぶって、「心のなかの核武装解除」の輪を広げていく。異なる意見の人たちを「核のない世界」への大行進に引き寄せていく。そうした意識改革にもとづく市民社会の拡大や強化もまた、重要な軍備管理の「発明」であり、巨視的な「地球と人類の安全保障」のなかで核廃絶の実現に大きく貢献することだろう。

「すべての人類の安全保障」の効用と限界

TPNWの前文には、「すべての人類の安全保障」を念頭におきながら、この条約がつくられた旨が記されている。こうした安全保障観にたどり着いたのは、第3章で記したように、核兵器に潜む巨大リスクに関する深くて強い懸念にもとづくものである。それは、核抑止の根底にある相互確証破壊(MAD)を全否定し、核抑止に依拠しない安全保障への転換をうながす考え方を新しい安全保障概念として表現したものだったと言えるだろう。

MADは、核戦略上の理論のひとつとして誕生した。核保有する敵対国から核先制攻撃を受けた場合には、その敵対国に耐えがたいほどの損害を確実に与える核報復能力を保持することで、核先制攻撃を抑止するという考え方である。MADは甚大な規模の核戦争を想定していることから、MADを公式な核政策として表明しない核保有国もある。米国の歴代政権をみても、MADを基本政策として位置づけて、それを明示している政権はむしろ少ないほうである。しかしながら、核保有国間の核抑止はMADと切っても切り離せない関係にあり、冷戦期も冷戦後も、根底においてはMADそのもの、ないしはMADの作用が強い「相互抑止」が存在してきたと考えられる。

「すべての人類の安全保障」は体系的な安全保障政策をともなって提示されているわけではなく、その意味で未完成な安全保障観である。それでも、リスクに満ちたMADが大手を振って歩く危険な世界にピリオドを打とうとする、進取の気性に富んだ安全保障観である。

その点は高く評価されるべきだろう。だが、巨視的な「地球と人類の安全保障」に連動した形での軍備管理の「発明」を進めていくうえで、「すべての人類の安全保障」にはまだ、ミッシングピース（全体完成に向けて、欠落している部分）があるのではないだろうか。

ＴＰＮＷのなかには核実験などで汚染された環境の回復をうながす条項があり、前文には「核兵器の壊滅的な結末」が、「人類の生存」だけでなく、「環境、社会経済開発、世界経済、食糧安全保障並びに現在及び将来の世代の健康に重大な影響」を及ぼすことへの強い懸念が示されている。こうした認識は、地球では多種多様な種が「共生」するのが摂理という基本と合致するものであり、ＴＰＮＷにとって重要な部分である。

しかしながら、核兵器の非人道性を深刻に受けとめてこの兵器を廃絶することを目的とする条約だけに、本質的に人間による人間のための条約となっている。ＴＰＮＷの主な目的からしてこのアプローチが至極妥当な選択ではあるが、先の「平和宣言」が差し示したように、地球環境問題、パンデミック問題、ＳＤＧｓに関連するさまざまな問題への対処と同時に「核のない世界」を実現していくプロセスを考えると、核廃絶一本道の取り組みで十分なのだろうかとの疑問が浮かんでくる。

地球の未来

そのように考えると、現段階では未完成な「すべての人類の安全保障」を成熟させていく際の課題が見えてくる。すなわち、地球で多種多様な種が「共生」する基本にもとづいて人間活動を持続可能なものにしていくための「すべての人類の安全保障」、そして「生態学的存在としてのグローバル社会の持続性と強靭性」を高めていくことを目的とする「すべての人類の安全保障」であると明確に打ち出していくことで、軍事安全保障・軍備管理コミュニティの殻を破って、TPNWを人類という「種」の未来、地球の未来にかかわる基本条約のひとつとして確立させられるかどうかという課題である。

逆に言えば、TPNWを人類という「種」と地球の未来にかかわる基本条約のひとつとして確立させることは、「地球と人類の安全保障」のなかで核廃絶を実現していくうえで必要な、軍備管理の「発明」そのものとなりうるだろう。

壮大な挑戦ではあるが、そうした文脈でTPNWを基本条約とすることに成功すれば、気候変動枠組み条約をはじめとする地球環境関連の諸条約・規則や、パンデミック関連の諸条約・規則、さらにはAIやロボット、ナノ技術、バイオ技術などと人間の相互関係にかかわる諸条約・規則と連携しながら、「共生」シナリオを描いていける。それがすなわち、巨視的な「地球と人類の安全保障」に関する政策の実装にもつながっていくことだろう。

であるとすれば、どのような方策にチャレンジしていけばいいのだろうか。

第一には、「TPNWの目的そのもの＝核廃絶」を達成すべく、核兵器は人道的観点から許されないとの国際規範を強化していくことが急務である。そのための「すべての人類の安全保障」は、①核戦争リスクの存在とその結末の惨状を自覚して新しい未来をつくる選択や、②核抑止依存に潜む固定観念から抜け出す「心のなかの核武装解除」の日常レベルでの拡大を含めて、核抑止離れを全力で進めていくことを使命とする安全保障であるべきだろう。

第二は、地球での「共生」という基本に立脚して人間活動を持続可能なものにしていくために、「すべての人類の安全保障」の使命を拡大することである。

発展形の「すべての人類の安全保障」では、先のプラネタリー・バウンダリーを認識したうえで、「人新世」時代に見合うグローバルガバナンスを展望した対策が求められる。そこにおいては気候変動やパンデミック、人間と地球の未来に影響する先端技術などに関連する諸条約・規則と連携し、「生態学的存在としてのグローバル社会の持続性と強靭性」を高めていくことを目的とした総合的なシステムづくりをめざしていく必要がある。換言すると、人類が地球システムを変えてしまった「人新世」時代に対応できるグローバルガバナンスを構築していくための基本条約のひとつに、TPNWを明確に位置づける必要がある。

第三として、「共生」シナリオに共感している「地球と人類の安全保障」のパートナーたちに、次の諸点を理解してもらう必要がある。それは、①核戦争が「共生」シナリオを短時間のうちに打ち砕き、「人新世」時代に早くも破滅を刻み込むことになりかねないこと、②TPNWがそれを止めようとする重要な条約であること、③核戦争が「共生」シナリオの破壊者になるのを防ぐためにパートナーたちが「核のない世界」の強いサポーターでいてくれること、である。

このような形で「地球と人類の安全保障」と、進化したTPNWがプラスサムゲームの好循環を構築できれば、「私たちがつくっていく未来」(平和宣言)が「人新世」において、望ましい方向に進むチャンスも広がるだろう。

核兵器を「人類の敵」に

第9章で記したようにフクロウ派アプローチの手を尽くし、「戦略的安定」を維持させて、徹頭徹尾、核戦争を防ぎ続ける。その間の時間を活かして、本章で記してきたような巨視的な「地球と人類の安全保障」を「発明」し、同時に、その巨視的な枠組みのなかで、軍備管理の「発明」を進めていく。それが、「核のない世界」へ進んでいくうえでの要諦《ようてい》となるだろう。

巨視的な「地球と人類の安全保障」の枠組みにおける軍備管理では、核兵器はハイリスク・ローリターンの兵器であると同時に、「人新世」をますます危うくする兵器であり、「人類」の共通の敵であるとの国際規範を形成・強化していくことが不可欠である。その実現に必要な総合的な措置も、新たな軍備管理の「発明」と位置づけて、さまざまな政策現場で実装していく必要がある。

そうした国際規範の形成・強化では、「人類」の意見集約で重要な役割を果たす市民社会の役割が大きな比重を占めるべきだろう。民主的な国家であれば、市民社会を基盤にした選挙で選出された政府の政策も重要であるが、その政策は市民社会に根ざした選択でなければ正統性(legitimacy)に乏しく、持続可能性の問題も生じることだろう。

現在は独裁色の強い国であっても、将来的には市民社会からの発信が広がる可能性はある。それまでの間は、世界に数多くある民主的な国家の市民社会が幅広いネットワークを形成し、できる限り多くの国の政府や市民社会と連携しながら、新しい時代の「スーパーパワー」(ジョディ・ウィリアムズ)として核兵器に関する課題の意思決定に影響力を発揮していくのが得策だろう。

その際の最大の課題は、核兵器に最大限の「悪の烙印」を押していくこと(stigmatization)である。それは、「人類の敵」であるとの国際規範を形成・強化するためにも大切なアプローチである。もちろん、こうした国際規範はTPNWを通じて「核のない世界」の実現をはかる市民社会だけでなく、気候変動やパンデミックの危機への対応に主に取り組む市民社会でも広く共有されることで、より影響力が大きく求心力も強い「スーパーパワー」となりうるだろう。

第9章で記したような核兵器＝「必要悪」論を縮小させ、居場所を失わせていくには、先の「心のなかの核武装解除」をグローバルに展開していくことが重要だが、そのためにも核兵器に最大限の「悪の烙印」を押していかなければならない。その目的に向けても、「人新世」時代に対応できるグローバルガバナンスを構築していく基本条約のひとつに、TPNWを明確に位置づけるアプローチが得策と考えられる。

核兵器を「人類」の共通の敵と位置づけるうえでも、核兵器に「悪の烙印」を押していくうえでも、国連の機能をフル活用していく必要がある。一九九二年の地球サミット（環境と開発に関する国連会議）がその後の地球環境問題への国際社会の取り組みに大きなインパクトを与え、SDGsも国連を軸とした人間開発や貧困対策などに大きな実績を残してきた。「地球と人類の安全保障」の関連でも首脳級・閣僚級の会合を開催して共通認識の醸成をうながすなど、国連が旗振り役を担うべき場面が数多くあることだろう。

核戦争に勝者はなく、決して戦ってはならない

これまでにすでに、「核戦争に勝者はなく、決して戦ってはならない」とのフレーズが米ソ・米ロ首脳会談、日米首脳会談、核不拡散条約（NPT）で核保有が認められている核保有五か国首脳の共同声明などの重要な文書に盛り込まれてきた。「地球と人類の安全保障」の枠組みにおいて、核保有・核武装する国の政府、核保有国の同盟国の政府がこのフレーズを核兵器に関する政策の基本理念として共有することがきわめて重要であり、その実現を軍備管理の「発明」と位置づけて取り組むべきである。

そうした基本理念の共有のプロセスにおいては、①このフレーズをまずは核戦争を防ぐ「戦略的安定」のために最大限に役立て、②同時に「核のない世界」を実現するための政策基盤にしていくべきである。

核保有五か国の首脳共同声明ではこのフレーズの重要性が確認されるとともに、「核兵器国間の戦争の回避および戦略的なリスクの低減がもっとも重要な責務である」と考えていることが明記されている。「戦略的なリスク低減」は核使用リスク低減を意味しており、したがって、「核戦争に勝者はなく、決して戦ってはならない」を盛り込んだ意図も主には、核使用リスク

低減を主眼においていると思われる。

フクロウ派のアプローチで、長崎を最後の被爆地にしたままで、「核のない世界」に向かっていくには、核保有五か国が「戦略的なリスク低減」を徹底させ、核保有国の同盟国やそのほかの核武装国でもこのことが共有・実行されることが同様に重要である。

ただ、それはあくまで、最終ゴールに向けた「つなぎ」の措置である。「地球と人類の安全保障」の枠組みにおいては、「核戦争に勝者はなく、決して戦ってはならない」が最初の米ソ共同声明に盛り込まれた当時の原点に立ち戻り、このフレーズを「核のない世界」を実現するための政策の基本理念にしていくべきであり、そこが軍備管理の新たな「発明」である。

歴史を振り返ると、一九八五年一一月のジュネーブでの米ソ首脳会談の共同声明に盛り込まれ、思い切った核軍縮に進む時代精神を象徴するような表現となったのがこのフレーズだった。「核廃絶合意寸前」まで進んだ一九八六年一〇月のレイキャビクでの米ソ首脳会談でもその精神が重視されて、その後の核軍縮の基本的な流れを生み出した。

このフレーズを重視した当時のレーガン米国大統領とゴルバチョフ・ソ連共産党書記長は、核兵器による破滅リスクを直視して、核廃絶を明確な目標とする軍縮交渉にのぞんだ。「戦略的安定」は必要不可欠だが、その努力だけでは破滅リスク回避を確実なものにすることはできず、核抑止論に安住しない安全保障政策への移行が必要である。ふたつの核超大国の指導者のそうした決意が込められていたのが、このフレーズと言えるだろう。

市民社会が核兵器に最大限の「悪の烙印」を押していく努力と連動する形で、核保有・核武装する国の政府、核保有国の同盟国の政府は、「核戦争に勝者はなく、決して戦ってはならない」とのフレーズを、「核のない世界」という明確な目標を達成するための政策の基本理念として共有していく。軍備管理におけるこの「発明」が実現し実行されれば、「核のない世界」への距離が大きく縮まると期待される。

「使えない兵器」へと追い込んでいく

核兵器に最大限の「悪の烙印」を押し、核兵器は「人類の敵」であるとの国際規範を形成・強化して、核兵器の居場所を失わせていく。加えて、「核戦争に勝者はなく、決して戦ってはならない」とのフレーズを「核のない世界」を達成するための政策の基本理念として根づかせる。「核のない世界」に向けて、こうした形で核兵器を囲い込んでいくプロセスにおいては、核兵器を「使えない兵器」として法的、政治的に追い込んでいく多様な措置も、巨視的な枠組みのなかにおける軍備管理の「発明」と考えられる。

第一に実行に移すべきは、自衛権で核を使用することを事実上、不可能にしていく方策である。国際司法裁判所(ICJ)は一九九六年の勧告的意見で、以下を結論づけた。①核兵器による威嚇または使用は、武力紛争に適用される国際法の諸規則、そしてとくに人道法の諸原則と諸規則に一般的に反するだろう。②しかしながら、国際法の現状から見て、また確認できる事実の要素から見て、ある国家の生存そのものが危機に瀕しているような自衛の極限的な状況において核兵器による威嚇または使用が合法であるか違法であるかを、ICJは明確に決することができない。

これを受けて、「国家の生存そのものが危機に瀕しているような自衛の極限的な状況」では核使用が自衛権の範囲で合法となりうるとの考えがかえって広まることとなり、米国やロシアの核戦略も、こうした解釈を援用しながら構築されている。

だが、惑星的な展望を踏まえた変革を進める安全保障という巨視的な立場から考えると、核保有国の自衛権行使で人類の存続や地球環境を脅かすような事態は、とうてい容認できるものではない。核抑止依存国だけに事実上、特別な自衛権を容認し、その結果として核戦争が起きた場合に、人類や地球環境が甚大な「巻き添え被害」をこうむる可能性は受け入れがたいものである。新たな安全保障という巨視的な枠組みのなかで、核兵器と自衛権について改めて整理して、「極限的な状況」であっても自衛権にもとづく核使用を（少なくとも大規模な核使用を）明確に禁止するような法理や新たな国際法づくりを進めていく必要がある。

第二に実行に移すべきは、国際人道法についてである。国際人道法違反にかかわった個人を裁く常設の国際法廷として国際刑事裁判所（ＩＣＣ）が存在する。しかし、ＩＣＣを設置した「ローマ規程」には、核兵器の使用を明示的に違法とする条項は含まれていない。ローマ規程の交渉過程で、核兵器使用を戦争犯罪として明示すべきとの提案も出されたが、慎重な立場の国が多く、核兵器を含めるという合意は現在でも成立しないままである。しかし、核兵器を「使えない兵器」へと追い込んでいくには、ＩＣＣの活用を強化していくべきだろう。

たとえば、ＩＣＣが対象とする戦争犯罪を定義するローマ規程第八条二項（xx）には、「その性質上過度の傷害若しくは無用の苦痛を与え、又は本質的に無差別な兵器、投射物及び物質並びに戦闘の方法を用いること」に該当するような兵器が包括的に禁止された場合には、それもＩＣＣの管轄《かんかつ》に含まれうる旨が規定されている。

二〇二一年一月に発効したＴＰＮＷも包括的に核兵器を禁止する国際法であり、このローマ規程にもとづきＩＣＣがＴＰＮＷを直接適用することができる可能性がある。

その場合、ＩＣＣ加盟国の三分の二以上の賛成で条約を改正して、ＴＰＮＷの禁止事項もＩ

CCの管轄に含めることが必要で、TPNWをローマ規程の一部とする付属書を批准、受諾した国に対してのみ管轄権が生じることになる。したがって現在では、仮にTPNWがローマ規程の一部になったとしても、TPNWに反対する国(核保有国やその同盟国)の国民にまで管轄権が及ぶ可能性はきわめて小さいだろう。

それでも、核保有国やその同盟国が核使用による国際人道法違反についての法的な責任を逃れるような方針に頑に固執すれば、核兵器に「悪の烙印」を押す市民社会の動きに拍車がかかるだろう。TPNWがローマ規程の一部に追加されることで、TPNWの国際規範力のさらなる向上にもつながると考えられる。そうした国際環境が醸成されれば、核兵器を「使えない兵器」へと追い込んでいく大きな力になるだろう。

「最小限抑止」の暫定的な活用

フクロウ派アプローチを積み重ねて核戦争を防ぎながら、これまでに述べたような軍備管理の「発明」を前進させ、その先の「核のない世界」に向かっていく。その過程では、核兵器ゼロに向けて大幅な核軍縮が必要不可欠である。そこで参考になるのが、「最小限抑止」(minimum deterrence)という概念である。この概念の政策への新たな実装を、軍備管理の新たな

「発明」として明確に位置づけ、活用していく必要がある。

「最小限抑止」の定義に確立したものはないが、一例をあげると、核抑止に詳しいグレゴリー・ジャイルズ氏らは、一般論として最小限抑止を「敵対国を抑止するのに十分なレベルの損害を第二撃によって与えうること」と解釈している。ここで言う「損害」のレベルの意味するところについては、「世界が全滅するというような、冷戦期の米ソの『最大限抑止(maximum deterrence)』態勢から連想されるものには遥かに及ばないレベル」と説明されている(有江浩一「最小限抑止概念の検証」)。

この解釈を参照しながら考えた場合でもあいまいさが残り、どの程度の核保有量が「敵対国を抑止するのに十分なレベル」かは見えてこない。

二〇〇八年に日豪政府が設置した核不拡散・核軍縮に関する国際委員会(ＩＣＮＮＤ)は「最小限抑止」の考え方を採用し、最小限ポイント(minimization point)として、二〇二五年までに世界の核兵器の上限を二〇〇〇発まで減らすことを提唱した。

フクロウ派アプローチによる「戦略的安定」を通じて徹頭徹尾、核戦争を防ぎ続けるという視点からすると、二〇〇〇発は多すぎるだろう。「最小限抑止」を段階的に進めるとすれば、最初の最小限ポイントはこのレベルがひとつの目安かもしれないが、巨視的な枠組みのなかにおける軍備管理の「発明」としては、引き続き非常に危険なレベルである。軍備管理の論理だけでなく、惑星的な展望を踏まえた変革を進める安全保障の考え方からすれば、異なる「最小限抑止」の構想が相次いで提案されるのが望ましい展開である。

すでにある例を紹介すると、カーネギー国際平和財団のパーコビッチ副理事長は、次のような「最小限抑止」を提唱している。核保有国・核武装国の核保有量を、①抑止が失敗して二国間で核戦争しても双方が破滅することがない程度の水準にまで減らす、②双方の核使用が地球寒冷化を生じさせない水準にまで抑える、という内容である。そこに進んでいくために、さまざまな核戦争シナリオや核使用の地球環境への影響などをコンピューターでシミュレーションし、核抑止にはどれだけの核があれば十分なのか、どの水準以上が過剰で地球環境破壊のリスクを高めるのかなどを明らかにすることもあわせて提案している。

①、②とも核兵器の非人道性と深くかかわっており、②は惑星的な展望を踏まえた変革を進める安全保障の考えも加味したものである。

ただ、パーコビッチ案が最良という主旨ではない。核抑止継続のための「最小限抑止」のみを、最小限ポイント設定のための基準にするのではなく、「人新世」での人類のあり方を熟慮した基準も組み合わせたうえでの「最小限抑止」を模索していく必要がある。その際、核兵器は「人類の敵」との国際規範の強まりや、核兵器が「使えない兵器」に追いつめられていく存在であることも想定しておかなければならない。

「ゼロ抑止力」

二〇一〇年のNPT再検討会議最終文書の「明確な約束」(第2章参照)において、核保有国もその同盟国も、「核兵器のない世界」の実現という目標と整合性のとれた政策を追求することを受け入れている。核兵器廃絶の「明確な約束」の実施において核保有国が、一方的、二国間、地域、多国間の措置を通じてあらゆる種類の核兵器を削減し、究極的には廃絶するために、さらに努力することも明記されている。こうした「明確な約束」を実行に移す方法として、できるだけ早い時期に「最小限抑止」への到達を共通の目標に設定するのが得策だろう。

第2章で記したようにNPTは、「核保有国・核の傘国に役立つ安全保障条約」と「核廃絶に向けた軍備管理条約」というふたつの顔を持っている。前者に拘泥《こうでい》して後者を後回しにしがちな現在の構造的な問題から抜け出せず、たとえ「最小限抑止」を実現しても、「核のない世界」へと進むような道筋を描けないままだと、惑星的な展望を踏まえた変革を進める「地球と人類の安全保障」の文脈から見ると、むしろ足枷《あしかせ》となる条約との評価を受けかねない。

そうした事態を避けるためにも、NPT第六条にもとづく行動として核保有国はまず、「最小限抑止」の概念や関連政策などを吟味したうえで、具体的な目標の設定に進むべきだろう。必要に応じてNPT外の核武装国も交えて「最小限抑止」を交渉し、実現にこぎつける必要がある。その目標は、核兵器廃絶の「明確な約束」の遵守でなければならず、「最小限抑止」の水準を段階的に下げながら、しかしスピード感を持って核ゼロの世界に到達することが肝要である。

「地球と人類の安全保障」のもとで核兵器が疎まれ、「人類の敵」として拒まれるようになれば、「最小限抑止」から「ゼロ抑止力」への移行に対する抵抗勢力も後退していくだろう。

レイキャビクでの米ソ首脳

市民社会を中心に「心のなかの核武装解除」の輪を広げ、異なる意見の人たちを「核のない世界」への大行進に引き寄せていく。グローバルな意識改革にもとづく参加と行動が、「地球と人類の安全保障」には欠かせない点はすでに記したとおりであるが、具体的な政策の変革を実現していくうえで、政治指導者の確固たる意思もまた、きわめて大切な要因である。

アル・ゴア元米国副大統領は二〇〇七年、ノーベル平和賞の記念講演の締めくくりで、「〈温暖化対策で行動する」政治的意思とは、再生可能な資源である」と強調した。この金言は地球温暖化防止に限らず、核兵器に関する課題にも通じるものと考えられる。この言葉を座右の銘とし、「地球と人類の安全保障」と新たな軍備管理の構想・実行に尽力する政治指導者を生み出すこともまた、軍備管理において必要な「発明」である。

政治指導者の意思が歴史的な転機を生み出した事例として、レイキャビクでの米ソ首脳交渉の最終段階のやりとりを振り返っておこう。

一九八六年一〇月。時間を延長して協議が続いた最後のセッションでのことだ。テーブルを囲んだ交渉者は、米国側がレーガン大統領とジョージ・シュルツ国務長官、ソ連側はゴルバチョフ共産党書記長とエドゥアルド・シェワルナゼ外相の四人だった。時間切れが近づくなかで、ゴルバチョフ氏とシュルツ氏が、その後の一〇年間で削減・廃棄すべき核兵器の種類について詰めの交渉をしている最中だった。

聞いていたレーガン氏が突然、核軍縮史に大きな足跡を残す重要な提案を口にした。核兵器を、そして核抑止に依存する安全保障を嫌っていたレーガン氏が、いつかは持ち出そうとその機をうかがっていた提案だったと考えられるが、同席していたシュルツ氏ともその提案を持ち出すタイミングなどは事前に打ち合わせはしていなかったようだった。

「非常にいいアイデアだと思っているのだが、こんな考えはどうだろうか。〔一〇年後には〕すべての核爆発装置を廃棄するというものだ。そのなかには、爆弾、戦場でのシステム、巡航ミサイル、潜水艦兵器、中距離システムなども含まれる」。少なくとも米ソ間で核廃絶を一〇年後に達成しようという画期的な提案だった。

おそらくこの提案がロシア語で通訳されている間のことだろう。レーガン氏は手元のメモ用紙に走り書きをして、シュルツ氏に渡した。「ジョージ、これでいいか？」。国防総省などの反対で公式な提案にはされていなかったが、「核のない世界」にすることがレーガン氏の信念だとシュルツ氏は知っていた。シュルツ氏もそれに共感していた。そこで、走り書きを読んだシュルツ氏はレーガン氏の耳もとで、「全面的にイエスだ」と答えた。

核廃絶を持論にしていたゴルバチョフ氏はこの提案に、間をおくことなく、「それらすべての兵器を〔廃棄の〕リストに入れてもかまわない」と賛同した。シュルツ氏もためらうことなく、「ならばそうしましょう」と同調した。レーガン氏は、「一〇年の期限終了までにすべての核兵器を廃棄することで〔ここで〕合意できたら、米ソのジュネーブの交渉代表団に委ねて、あなた〔ゴルバチョフ〕が〔翌年の〕訪米の際に署名できる〔核廃絶〕条約を準備させられる」と、その後の運び方も提案した。ゴルバチョフ氏はこれにも、「なるほど、それで結構だ。合意できる好機がやってきたということだ」と即答した。

緻密な議論と交渉にもとづいて、核廃絶への政策的な「合意」が醸成されたわけではなかった。しかも、この直後、レーガン氏の戦略防衛構想（SDI）の規制をめぐってゴルバチョフ氏と意見が食い違ったことから、核廃絶の最終合意は幻に終わった。それでも、もともと「核のない世界」を志向していた三人の「人間の心」が大いなる接近を見たときだった。そしてレイキャビクでの公式記録に残されなかった「合意」が冷戦末期、冷戦後における核軍縮の大きな源流となった（National Security Archive, The Reykjavik File）。

レイキャビクの教訓

この首脳会談が終わったその日、国務省内でひとつの政策メモがまとめられた（U.S. Department of State, "Lessons of Reykjavik"）。「レイキャビクの教訓」と題された書面だが、筆者は記されていない。一説によるとその筆致から、ポール・ニッツ大統領顧問（軍備管理担当）が書き記したものとも言われている。主な点は次のようになっている。

（1）巨視的な思考

野心的な合意には、細かな制約を克服できるいくつもの利点がある。

――戦略兵器削減条約（START）におけるサブリミット〔総数の上限と同時に合意される、大陸間弾道ミサイル（ICBM）や潜水艦発射弾道ミサイル（SLBM）、戦略爆撃機に対する個別規制などの副次的な上限〕、中距離核戦力（INF）のアジアでの削減に関する均衡性などの厄介な問題を、より管理しやすくなる。

――野心的な合意では利益の大きさが伝わりやすい。そうした合意に伴うコストを埋め合わせて余りあるほどの利益が、そこにはある。

――野心的な合意は、細かな合意の交渉に比べて必ずしもむずかしいわけではない。

――以上のような利点について私〔ニッツ氏？〕は長い間、理論的には指摘してきた。しかしレイキャビクでの経験は、この考えに理があることを証明する最初の実験であった。

（2）集中対処の利益

――今日の〔レイキャビクでの交渉で〕主要な障害物となったのが、ジュネーブ〔の実務レベルの交渉〕で細部を詰めるのを躊躇してきた課題であったことは単なる偶然ではない。ソ連との相違点について集中対処しない限り、概して問題を消し去ることにはつながらない。

歴史的な首脳会談に同行した達意の実務家の視点から、首脳の政治意思が持つ突破力の重要性を公文書の形で残したものだ。

この教訓は、こと軍備管理の問題だけに限らない。気候変動やパンデミックなど人類の未来に深く大きくかかわる問題については、首脳レベル、閣僚レベルの政治意思による判断が不可欠になる場面が出てくるだろう。これからの世界の変化は、新しい「スーパーパワー」とも称される市民社会が牽引する部分が大きいと考えられるが、条約交渉などの場において、市民社会とともに、あるいは市民社会が抱く公約数を集約する形で、政治指導者が交渉したり決断したりしていく必要がある。そのような政治意思を持つ政治指導者が世界各地でできるだけ多く輩出されるほど、時代の変化速度は上がっていくだろう。

有為の政治指導者を生み出すこと自体が軍備管理において必要な「発明」であるが、彼ら政治指導者たちが新たな次なる軍備管理上の「発明」を主導していくこともまたきわめて重要である。

「困難な問題」への知恵

今後の軍備管理の「発明」を考える際の重要な課題を指摘した文章が第9章でも記した「核

軍縮の実質的な進展のための賢人会議」の議長レポートである。このなかで、「〔核〕抑止論者と核廃絶論者との間の行き詰まりの中心には、一連の「困難な問題」に関する見解の相違がある。建設的な方法でこれらの問題を議論し、対処しなければ、各国がいかにして行き詰まりを打開し、核兵器のない世界のための共通のビジョンを発展させうるかを見通すことは難しい」と論じている。

一連の「困難な問題」としてとくに、(a)核抑止と、自衛権を含む安全保障との間の関係、(b)核兵器の唯一残る役割としての核抑止、(c)核兵器使用の国際人道法との整合性、(d)核兵器のさまざまな側面に関係するリスク、緩和および説明責任、(e)安全保障環境を損なうことなく、核軍縮プロセスを管理する方法、(f)核兵器のない世界の達成後にそれを維持する方法、をあげている。

「困難な問題」に関するこうした懸念は、至極真っ当に思える。ただ同時に、世界の安全保障や軍備管理の専門家が知恵を出しあっても、「困難な問題」に明答を出すのは文字どおり困難であることを示している。

「人類」の視点から私たちの未来をつくっていくのであれば、安全保障や軍備管理の専門家が知恵を結集していくことに加えて、この章で記してきたような「人新世」の観点から安全保障を考察する専門家も交えて、私たちの未来を脅かすグローバルな巨大リスクに対処する方策を総合的にさぐっていくのが得策ではないだろうか。そうした形で、フクロウ派アプローチを拡充して核戦争リスクを極小化しながら、「困難な問題」に取り組む方策をさぐれば、（たとえば第9章とこの章で記してきた諸点も含めて）核抑止退場への新たな突破口も見えてくるだろう。

巨大リスクが内在し、論理的な限界や脆弱性を覆い隠せない状態に陥っているにもかかわらず、頑《がん》として退場しない核兵器や核抑止を追いつめていくには、新たな「スーパーパワー」に成長してきた市民社会も加わる形で、二重三重の包囲網を形成していくことが不可欠だろう。それと並行して、野心的な合意に挑めば、「厄介な問題を、より管理しやすくなる」し、野心的な合意は「細かな合意の交渉に比べて必ずしもむずかしいわけではない」との教訓に学びながら、専門家の蓄積と政治指導者の意思や決断を的確に組み合わせていくことも、私たちの未来づくりにとって喫緊の課題である。

新たな「スーパーパワー」と政治指導者の意思、専門家の分析力や構想力の重層的な活用は、現状維持に引っ張られがちな官僚組織や既得権益維持の勢力を変革していくためのターボエンジンとなるだろう。

「ストックホルム宣言」の宿題

一九七二年六月に、この惑星と人類の関係について考え、未来への基本方針を打ち出した歴史的な「国連人間環境会議」がスウェーデンで開催された。会議のメインテーマとなった「かけがえのない地球」(Only One Earth)は、環境問題が地球規模、人類共通の課題になってきたことをあらわすものとして記憶され、採択された「ストックホルム宣言」(人間環境宣言)と「環境国際行動計画」は、その後の世界の環境保全に大きな影響を与えることとなった。

そこで採択されたストックホルム宣言には、次のように記されている(環境省の訳)。

「我々は歴史の転回点に到達した。いまや我々は世界中で、環境への影響に一層の思慮深い注意を払いながら、行動をしなければならない。無知、無関心であるならば、我々は、我々の生命と福祉が依存する地球上の環境に対し、重大かつ取り返しのつかない害を与えることになる。逆に十分な知識と賢明な行動をもってするならば、我々は、我々自身と子孫のため、人類の必要と希望にそった環境で、より良い生活を達成することができる。環境の質の向上と良い生活の創造のための展望は広く開けている。いま必要なものは、熱烈ではあるが冷静な精神と、強烈ではあるが秩序だった作業である」

そして、宣言のなかの「原則」（共通の信念）の最後の項目には以下のように、核兵器に関する言葉が盛り込まれている。

「人とその環境は、核兵器その他すべての大量破壊の手段の影響から免れなければならない。各国は、適当な国際的機関において、このような兵器の除去と完全な破棄について、すみやかに合意に達するよう努めなければならない」

大量破壊兵器のうち、まずは生物兵器禁止条約、次に化学兵器禁止条約が成立した。そしてTPNWも発効して、禁止条約が三つそろったことになる。しかしながら、先の議長レポートが記すように、核兵器禁止については核抑止論者と核廃絶論者との対立が深刻であり、「原則」（共通の信念）の実現からは、はるかに遠いところでとどまっている。

「国連人間環境会議」から半世紀。私たちは世界各地で気候変動の影響を目の当たりにし、（高い可能性で、自然由来のウイルスによる）パンデミックから抜け出せないまま、ロシアによるウクライナ危機に直面することとなった。

国際社会秩序の不透明感が増すなかではあるが、「ストックホルム宣言」が掲げた核兵器に関する「原則」（共通の信念）をこれからも先送りし続けるのではなく、危機を転機にして「すみやかに合意に達する」方向に進んでいくしか、選択肢はないだろう。求められているのは悲観や失望ではなく、未来の目標に向かっていくための「熱烈ではあるが冷静な精神と、強烈ではあるが秩序だった作業」なのである。

最後にもう一度、二〇二一年の長崎「平和宣言」の言葉を引用しておきたい。

私たちはコロナ禍によって、当たり前だと思っていた日常が世界規模で失われてしまうという体験をしました。そして、危機を乗り越えるためには、一人ひとりが当事者として考え、行動する必要があることを学びました。今、私たちはパンデミック収束後に元に戻るのではなく、元よりもいい未来を築くためにどうすればいいのか、という問いを共有しています。

核兵器についても同じです。私たち人類はこれからも、地球を汚染し、人類を破滅させる核兵器を持ち続ける未来を選ぶのでしょうか。脱炭素化やＳＤＧｓの動きと同じように、核兵器がもたらす危険についても一人ひとりが声を挙げ、世界を変えるべき時がきているのではないでしょうか。

おわりに

本書の「はじめに」でこう書いた。核戦争の破壊力、殺傷力を五感で体験した歴史の証人こそが被爆者である。被爆地から発せられる言葉は、「現場」を原点にしたリアルな情報であり、凄惨な「現場」を知らずに核兵器による安全保障に依拠しようとする人たちへの警鐘である。時がたつにつれ、その歴史の証人がしだいに減ってきている。被爆体験の継承は長崎にとっても広島にとっても重い重い使命である。

ただし、被爆された歴史の証人とまったく同じことを、戦後生まれの各世代が引き継いでいくことはそもそも不可能である。他方で、核廃絶は（残念ながら）一〇〇年単位の時間を要する世紀の大事業でもある。

そう考えると、被爆体験の継承とは、歴史の証人から学んだことを新しい世代の感性に乗せて、時代の流れを見つめながら国内外に発信していく、なんと想像力・創造力に満ちた手仕事であることか。その意味で、被爆体験の継承は末広がりの楽しみを与えてくれる。

さまざまな継承事業が展開されているなかで、大学に身を置くものとして重視しているのが人材の育成である。多様な才能を持つ新世代が育っていってこそ、被爆体験の継承はパワーアップできる。

たとえば、長崎県、長崎市、長崎大学の三者は核兵器廃絶長崎連絡協議会を設置し、「ナガサキ・ユース代表団」という人材育成事業を続けている。新型コロナウイルス感染症で実施を見送ったとき以外は毎年、核軍縮・不拡散に関する国際会議に参加し、サイドイベントなどで意見や提言を発表してきた。私が所属する長崎大学核兵器廃絶研究センター（RECNA）は、同大学多文化社会学部で核軍縮・不拡散関連の講義や演習を担当しているほか、大学院多文化社会学研究科で院生の研究指導をおこなっている。関心を持った課題への解を模索する真剣な眼差しは、今とは違う未来への扉をたたいている。

長崎大学は今、河野茂学長の主導のもと、プラネタリーヘルス（Planetary Health）への貢献を一大テーマにしている。プラネタリーヘルスの直訳は「地球の健康」だが、ここでの「地球」には、地球とその上の生態系、さらにその一員としての人間、人間のつくる社会などが含まれている。これらがお互いによい関係を保ち、すべてが持続していける状態が「プラネタリーヘルスが実現した状態」であり、パンデミック、戦争、難民、環境汚染、貧困、気候変動、生物多様性減少など、現在直面している問題はいずれも、「「地球の健康」の問題として理解して初めて、持続的な解決策が見出せる」のである(長崎大学ウェブサイト)。本書の「地球と人類の安全保障」も、こうした「地球の健康」を念頭におきながら書き進めたものである。

校正刷で、かの偉人の引用内容の確認作業などをしている段階で、ソ連大統領(一九九〇年就任)もつとめたミハイル・ゴルバチョフ氏が他界した。冷戦終結で巨大な役割を担っただけでなく、米国との核軍縮交渉では期限つきで核を廃絶する案を先に提示した。米国の元政府高官が「まさに試合の流れを変える一球だった」と振り返るほどに、歴史を動かしていった。一九九〇年代に二度、ゆっくりお話をうかがう機会を得たが、指導者の政治的決意が時代の転換にいかに重要かを実感した。心からご冥福をお祈りしたい。

最後になったが、一九九五年に初めて岩波新書『核解体』を上梓したときの締めくくりの言葉を再掲させていただく——本章の刊行にあたっては、岩波書店新書編集部の坂本純子氏に、多々、貴重な助言をいただいた。謝意を表したい。

二〇二二年秋

吉田文彦

Nathan A. Sears, "Existential Security: Towards a Security Framework for the Survival of Humanity", *Global Policy*, Vol. 11, Issue 2, 2020.

George P. Shultz and James E. Goodby eds., *The War That Must Never Be Fought*, Hoover Institution Press, 2015.

Mallory Stewart, "Keynote Address for the Commemoration of the 50th Anniversary of the Arms Control Association", U.S. Department of State, 2022.

R. P. Turco, O. B. Toon, T. P. Ackerman, J. B. Pollack and Carl Sagan, "Nuclear Winter: Global Consequences of Multiple Nuclear Explosions", *Science*, Vol. 222, Issue 4630, 1983.

Beyza Unal with Julia Cournoyer, Calum Inverarity and Yasmin Afina, "Uncertainty and Complexity in Nuclear Decision-Making", Chatham House Research Paper, The Royal Institute of International Affairs, 2022.

National Security Archive, Cuban Missile Crisis Day by Day: From the Pentagon's "Sensitive Records", Briefing Book No. 398, 2012.

National Security Archive, The Cuban Missile Crisis @ 60: Nuclear Crisis Lasted 59 Days, Not Just 13, Briefing Book No. 809, 2022.

National Security Archive, Able Archer War Scare "Potentially Disastrous", Briefing Book No. 743, 2021.

National Security Archive, The Reykjavik File, Briefing Book No. 203, 2006.

U.S. Department of State, "Lessons of Reykjavik", National Security Archive: Reykjavik File, 2006.

mentary (The RAND Blog), RAND Corporation, 2022.

Kimiaki Kawai, "Japan's Reliance on US Extended Nuclear Deterrence: Legality of Use Matters Today", *Journal for Peace and Nuclear Disarmament*, Vol. 5, Issue 1, 2022.

Henry A. Kissinger, *Nuclear Weapons and Foreign Policy*, Council on Foreign Relations, 1957.

Jill Lepore, "The Atomic Origins of Climate Science", *New Yorker*, January 30, 2017.

Rebecca Lissner, "The Future of Strategic Arms Control", Discussion Paper Series on Managing Global Disorder No. 4, by Council on Foreign Relations, 2021.

Augusto Lopez-Claros, Arthur L. Dahl and Maja Groff, *Global Governance and the Emergence of Global Institutions for the 21st Century*, Cambridge University Press, 2020.

Izumi Nakamitsu, "The Imperatives for Disarmament in the 21st Century", UN Office for Disarmament Affairs, 2017.

Izumi Nakamitsu, "Emerging Technology and Nuclear Risks", UN Office for Disarmament Affairs, 2020.

Janne E. Nolan, *An Elusive Consensus: Nuclear Weapons and American Security After The Cold War*, Brookings Institution Press, 1999.

Joseph S. Nye, Jr., "Nuclear Deterrence After Ukraine", Project Syndicate, 2022.

George Perkovich, "Toward Accountable Nuclear Deterrents: How Much is Too Much?", Working Paper, Carnegie Endowment for International Peace, 2020.

William Perry, Keynote Speech at International Peace Symposium in Nagasaki, 2020.

Frank Rose の発言．A Brookings Interview by Bruce Jones, "Managing Risk: Nuclear Weapons in the New Geopolitics", Brookings Institution, 2017.

Army War College Press, 2013.
James M. Acton, "Escalation through Entanglement: How the Vulnerability of Command-and-Control Systems Raises the Risks of an Inadvertent Nuclear War", *International Security*, Vol. 43, No. 1, 2018.
James M. Acton, Thomas D. MacDonald and Pranay Vaddi, "Reimagining Nuclear Arms Control: A Comprehensive Approach", Carnegie Endowment for International Peace, 2021.
Hal Brands, "Putin Reminds Biden That Nuclear Deterrence Works", *Bloomberg*, 2022.
Dale Copeland, "Is Vladimir Putin a Rational Actor?", Miller Center at University of Virginia, 2022.
Tytti Erästö, "Revisiting 'Minimal Nuclear Deterrence': Laying the Ground for Multilateral Nuclear Disarmament", *SIPRI Insights on Peace and Security*, No. 2022/6, June, 2022.
Marina Favaro, "Weapons of Mass Distortion: A New Approach to Emerging Technologies, Risk Reduction, and the Global Nuclear Order", Centre for Science and Security Studies (CSSS) at King's College, 2021.
Steve Fetter and Jon Wolfsthal, "No First Use and Credible Deterrence", *Journal for Peace and Nuclear Disarmament*, Vol. 1, Issue 1, 2018.
Schuyler Foerster, "Theoretical Foundations—Deterrence in the Nuclear Age," Schuyler Foerster and Edward N. Wright eds., *American Defense Policy*, Johns Hopkins University Press, 1990.
Lawrence Freedman, *The Evolution of Nuclear Strategy*, St. Martin's Press, 2000.
Robert M. Gates, *From the Shadows*, Simon & Schuster; Annotated edition, 2007.
Edward Geist, "Is Putin Irrational? What Nuclear Strategic Theory Says About Deterrence of Potentially Irrational Opponents", Com-

主要参考文献

長崎大学核兵器廃絶研究センター編『NPT発効50年:「核のある世界」に立ち向かう』長崎大学核兵器廃絶研究センター、2020年
長崎大学核兵器廃絶研究センター編『核兵器禁止条約発効:新たな核軍縮を目指して』長崎大学核兵器廃絶研究センター、2021年
長崎大学核兵器廃絶研究センター編『核戦争に勝者はありえず、核戦争は決して戦ってはならない』長崎大学核兵器廃絶研究センター、2022年
中満泉「核軍縮の必要と必然」『世界』2022年6月号、岩波書店、2022年
中村桂子「核兵器禁止条約と「すべての人類の安全保障」」『第三の核時代』長崎大学核兵器廃絶研究センター、2021年
ウィリアム・ペリー、トム・コリーナ『核のボタン』(田井中雅人訳、吉田文彦監修)朝日新聞出版、2020年
松島芳彦『プーチンの過信、誤算と勝算』早稲田新書、2022年
毛利勝彦「平和と安全保障の新たなガバナンス」『第三の核時代』長崎大学核兵器廃絶研究センター、2021年
山口響監修『核兵器禁止条約の時代』法律文化社、2019年
吉田真吾『日米同盟の制度化』名古屋大学出版会、2012年
吉田文彦『核解体』岩波新書、1995年
吉田文彦『証言・核抑止の世紀』朝日選書、2000年
吉田文彦『核のアメリカ』岩波書店、2009年
吉田文彦「巨大リスクが可視化した世界」『世界』2022年6月号、岩波書店、2022年
吉田文彦、鈴木達治郎、遠藤誠治、毛利勝彦編著『第三の核時代』長崎大学核兵器廃絶研究センター、2021年
早稲田大学出版部編『「平和宣言」全文を読む―ナガサキの願い』早稲田新書、2022年

James Acton, “Reclaiming Strategic Stability”, *Strategic Stability: Contending Interpretations*, Strategic Studies Institute and U.S.

主要参考文献

有江浩一「最小限抑止概念の検証」防衛研究所紀要、第 21 巻第 1 号、2018 年

一政祐行「核戦争の気候影響研究の展開と今後の展望——「核の冬」論を中心に」安全保障戦略研究、第 2 巻第 2 号、2022 年

ウォード・ウィルソン『核兵器をめぐる 5 つの神話』(黒澤満日本語版監修、広瀬訓監訳)法律文化社、2016 年

太田昌克「核カオスの深淵」『世界』2022 年 6 月号、岩波書店、2022 年

黒澤満『核不拡散条約 50 年と核軍縮の進展』信山社、2021 年

黒澤満「核兵器禁止条約と核不拡散条約」『核兵器禁止条約発効：新たな核軍縮を目指して』長崎大学核兵器廃絶研究センター、2021 年

ジョン・L・ギャディス『ロング・ピース』(五味俊樹ほか訳)芦書房、2002 年

フランシス・J・ギャヴィン「歴史と核時代における未解決な問い」、マイケル・D・ゴーディン、G・ジョン・アイケンベリー編『国際共同研究　ヒロシマの時代』(藤原帰一、向和歌奈監訳)岩波書店、2022 年

ミハイル・ゴルバチョフ『ミハイル・ゴルバチョフ　変わりゆく世界の中で』(副島英樹訳)朝日新聞出版、2020 年

エリック・シュローサー『核は暴走する〈上・下〉』(布施由紀子訳)河出書房新社、2018 年

戸﨑洋史「新興技術と核抑止関係」日本国際問題研究所研究レポート、「安全保障と新興技術」研究会、第 8 号、2021 年

ルイス・トマス『人間というこわれやすい種』(石館康平、石館宇夫訳)晶文社、1996 年

永井雄一郎「対宇宙能力の発展と核兵器システム」『第三の核時代』長崎大学核兵器廃絶研究センター、2021 年

吉田文彦

1955年京都市生まれ．東京大学文学部卒業，朝日新聞社入社．ワシントン特派員，ブリュッセル支局長などを経て，2000年より論説委員，論説副主幹．その後，国際基督教大学(ICU)客員教授，米国のカーネギー国際平和財団客員研究員などを経て，2019年から長崎大学核兵器廃絶研究センター(RECNA)センター長・教授．2018年から国際学術誌『Journal for Peace and Nuclear Disarmament』(Taylor & Francis)の創刊編集長．大阪大学にて博士号(国際公共政策)取得．
主な著書は『核解体』(岩波新書)，『証言・核抑止の世紀』(朝日選書)，『核のアメリカ』(岩波書店)．共編著は『第三の核時代』(長崎大学核兵器廃絶研究センター)．

迫りくる核リスク
〈核抑止〉を解体する　岩波新書(新赤版)1946

2022年11月18日　第1刷発行

著　者　吉田文彦《よしだふみひこ》

発行者　坂本政謙

発行所　株式会社 岩波書店
〒101-8002 東京都千代田区一ツ橋2-5-5
案内 03-5210-4000　営業部 03-5210-4111
https://www.iwanami.co.jp/

新書編集部 03-5210-4054
https://www.iwanami.co.jp/sin/

印刷・理想社　カバー・半七印刷　製本・中永製本

ISBN 978-4-00-431946-7　Printed in Japan

岩波新書新赤版一〇〇〇点に際して

ひとつの時代が終わったと言われて久しい。だが、その先にいかなる時代を展望するのか、私たちはその輪郭すら描きえていない。二〇世紀から持ち越した課題の多くは、未だ解決の緒を見つけることのできないままであり、二一世紀が新たに招きよせた問題も少なくない。グローバル資本主義の浸透、憎悪の連鎖、暴力の応酬――世界は混沌として深い不安の只中にある。

現代社会においては変化が常態となり、速さと新しさに絶対的な価値が与えられた。消費社会の深化と情報技術の革命は、種々の境界を無くし、人々の生活やコミュニケーションの様式を根底から変容させてきた。ライフスタイルは多様化し、一面では個人の生き方をそれぞれが選びとる時代が始まっている。同時に、新たな格差が生まれ、様々な次元での亀裂や分断が深まっている。社会や歴史に対する意識が揺らぎ、普遍的な理念に対する根本的な懐疑や、現実を変えることへの無力感がひそかに根を張りつつある。そして生きることに誰もが困難を覚える時代が到来している。

しかし、日常生活のそれぞれの場で、自由と民主主義を獲得し実践することを通じて、私たち自身がそうした閉塞を乗り超え、希望の時代の幕開けを告げてゆくことは不可能ではあるまい。そのために、いま求められていること――それは、個と個の間で開かれた対話を積み重ねながら、人間らしく生きることの条件について一人ひとりが粘り強く思考することではないか。その営みの糧となるものが、教養に外ならないと私たちは考える。歴史とは何か、よく生きるとはいかなることか、世界そして人間はどこへ向かうべきなのか――こうした根源的な問いとの格闘が、文化と知の厚みを作り出し、個人と社会を支える基盤としての教養となった。まさにそのような教養への道案内こそ、岩波新書が創刊以来、追求してきたことである。

岩波新書は、日中戦争下の一九三八年一一月に赤版として創刊された。創刊の辞は、道義の精神に則らない日本の行動を憂慮し、批判的精神と良心的行動の欠如を戒めつつ、現代人の現代的教養を刊行の目的とする、と謳っている。以後、青版、黄版、新赤版と装いを改めながら、合計二五〇〇点余りを世に問うてきた。そして、いままた新赤版が一〇〇〇点を迎えたのを機に、人間の理性と良心への信頼を再確認し、それに裏打ちされた文化を培っていく決意を込めて、新しい装丁のもとに再出発したいと思う。一冊一冊から吹き出す新風が一人でも多くの読者の許に届くこと、そして希望ある時代への想像力を豊かにかき立てることを切に願う。

（二〇〇六年四月）